SECRETOS DEL FENG SHUI para los 365 días del año

lillian too

SECRETOS DEL FENG SHUI

para los 365 días del año

integral

Secretos del Feng Shui para los 365 días del año

Título original: 365 Feng Shui Tips
Autor: Lillian Too
Editor: David Alexander. Ixos Press
Diseño de portada: La Page Original
Maquetación: OhMira, Servicios Editoriales

Pérez Galdós, 36 - 08012 Barcelona
www.rbalibros.com / rba-libros@rba.es

Primera edición: junio 2007

Ref.: OAG0152
ISBN: 84-7871-891-5
ISBN-13: 978-84-7871-891-7

Índice

Significado de los símbolos

casa

trabajo

riqueza

amor

suerte

éxito

educación

niños

salud

familia

Introducción

Este pequeño y completo libro se debe a la gran demanda por parte del público de una obra de referencia concisa y precisa del feng shui. Los consejos de estas páginas son fáciles de comprender, sencillos de practicar y muy valiosos para que un recién llegado se haga una idea sobre esta milenaria forma de sabiduría.

El feng shui consiste en vivir con plena conciencia del entorno que nos rodea. Para practicarlo, hay que familiarizarse con la orientación con brújula que se encuentra implícita en el diseño y las elevaciones de todos los edificios. Tanto las viviendas como las oficinas están orientadas en ciertas direcciones con respecto a los puntos cardinales, que sirven de punto de partida para crear un buen feng shui. Además, las formas, contornos y estructuras también se tienen en cuenta en los cálculos, que se basan en la situación de los edificios, calles, ríos y demás estructuras del entorno, y en cómo influyen entre sí todos los elementos ubicados en el espacio vital. Todas estas interacciones tienen unas implicaciones para el feng shui que se basan en la teoría de los cinco elementos, cada uno de los cuales posee, a su vez, un aspecto yin y uno yang.

Las curas, sugerencias y consejos feng shui que ofrece esta obra se basan en cálculos y directrices, aunque se han redactado para que sea posible ponerlas en práctica de forma instantánea. En este libro el lector no encontrará explicaciones profusas; los consejos se presentan de forma sucinta, fácil de aplicar y etiquetada con un símbolo que indica cuáles son los aspectos que cubre; en el índice puede encontrarse la lista completa de símbolos. Los consejos son 365: uno para cada día del año. Quienes busquen explicaciones más detalladas y consejos sobre los distintos cálculos y aspectos del feng shui pueden consultar www.wofs.com, la página de Internet más completa y extensa sobre este tema, y también la más popular gracias a sus artículos sobre la teoría y la práctica de todas las fórmulas y ecuaciones de este apasionante saber oriental. Tras leer las sugerencias de esta sutil introducción al feng shui, el lector tal vez desee profundizar más e indagar a qué se debe el espectacular interés que suscita en la actualidad esta disciplina milenaria. De ser así, descubrirá que practicar el feng shui viene a ser como añadir una habilidad más a su repertorio personal: no se trata de un elemento espiritual ni religioso, sino de un recurso vital que vale mucho la pena aprender ya que puede aportar mejor salud, mayor riqueza y muchísima más felicidad a la vida de quien lo practica.

Lillian Too

001 El buen feng shui comienza por una buena elección de lugar

Suelen contar con buenos auspicios los sitios ligeramente elevados donde el «Dragón Verde» de la izquierda se acurruque plácidamente con el «Tigre Blanco» de la derecha, ambos con los cuerpos levemente curvados de modo que formen un sillón. El terreno estará protegido por detrás por montes que simbolicen la Tortuga Negra, mientras que al sur la presencia del Fénix Carmesí elevará la calidad del lugar. Si, además, esta maravillosa configuración de montículos y montañas dispone de vistas frontales a un curso de agua lento y sinuoso, y si la vegetación de la zona es verde y exquisita, instalar aquí tu vivienda te aportará una fortuna buena y abundante. Durante generaciones, este hogar disfrutará de una enorme riqueza. El primer paso consiste en tratar de hallar este sitio.

002 Que el Dragón esté más alto que el Tigre

Para que haya un buen feng shui, los montes del Dragón (o los edificios, si vives en la ciudad) de la izquierda deben ser ligeramente más altos que los del Tigre que queden a la derecha cuando mires hacia el exterior de la casa. Si no, hay que instalar una luz brillante para «elevar la energía del Dragón».

003 Busca siempre la Tortuga simbólica

La parte posterior de toda casa se beneficia del «efecto Tortuga»: las colinas de detrás del edificio deben ser redondeadas, ya que indica soporte. Si en la parte posterior no hay ninguna Tortuga, coloca una artificial para simular la energía chi de esta criatura celestial. Si posees un estanque en el jardín, el feng shui del hogar mejorará mucho si instalas allí algunas tortugas porque aportarán longevidad a sus habitantes.

004 El efecto del recibidor luminoso

Haz lo posible para que frente a la casa se abra una pequeña extensión llana porque así se genera el efecto del recibidor luminoso. Esta parte del hogar representa al Fénix, un ave celestial a la que le conviene disponer de un espacio amplio y abierto. La formación del recibidor luminoso permite que el chi que llega se aposente y se vuelva benevolente antes de entrar en la vivienda. Si colocas un ave de algún tipo en algún lugar de esta parte de la casa, los habitantes dispondrán de numerosas oportunidades para ganar dinero.

005 El terreno ondulado es el mejor

Las pendientes suaves aportan muy buenos auspicios y son superiores a las zonas totalmente llanas. Sin embargo, evita también las parcelas situadas en cuestas excesivamente pronunciadas. Un terreno ideal se encuentra ligeramente más elevado por detrás que por delante. Se dice que estas parcelas cuentan con potencial para criar Dragones.

006 Un terreno de tierra rojiza y compacta trae abundancia

Busca una parcela de tierra rojiza y compacta: está llena del hálito del Dragón, que es el aliento celestial que trae la abundancia. Evita la tierra rocosa y dura en la que no pueda crecer ni siquiera la hierba.

007 Encuentra un terreno con buenos símbolos de fortuna

Busca formaciones montañosas que te recuerden a símbolos de buena fortuna como la cabeza del Dragón, una moneda o una mariposa. Si el terreno tiene vistas a un «símbolo» que te atraiga, vivir allí te aportará buena suerte. Por otra parte, cuando las formaciones montañosas o rocosas te recuerden a animales depredadores y fieros como el águila, el tigre o incluso la rata y el zorro, ten presente que estos símbolos pueden traer desgracia y enfermedades. Una vez en Hong Kong, durante los años sesenta, se derrumbó un bloque entero de apartamentos y murieron muchos de sus ocupantes. Salió a la luz que varios maestros de feng shui habían prevenido repetidamente contra la formación rocosa que descollaba sobre el edificio. Algunos dijeron que parecía una pantera a punto de saltar sobre el edificio, como acabó haciendo. Presta atención a las rocas que amenacen a tu casa o edificio. Tal vez sea mejor mudarse.

008 Tres picos auguran honores para los niños

Que se puedan ver tres picos verticales desde el hogar denota que los niños de la casa alcanzarán grandes honores académicos. En China existe la leyenda de que el fallecido líder supremo Deng Shiao Ping procedía de una casa con este tipo de vista y que, por este motivo, su pueblo siempre había esperado que de aquella familia saliese un gran profesor. En lugar de eso, fue un gran líder. Para favorecer las aspiraciones académicas de tus hijos, puedes simular la presencia de «tres picos» incorporándolos al diseño del muro o de la puerta.

009 La ubicación del agua es vital

La presencia de agua puede lograrse de forma artificial y el resultado es igual de efectivo que si fuera natural, aunque deben aplicarse de forma inteligente distintas fórmulas para que la energía chi sea propicia. Nunca trates de crear grandes masas de agua en tu hogar sin una orientación precisa de los puntos cardinales para aplicar los principios del feng shui. No hay nada más peligroso. Por otro lado, si el agua está situada correctamente con arreglo a todas las fórmulas, tendrá la capacidad de atraer hacia ti una gran suerte financiera.

010 El agua que se halle visible debe estar limpia

Para favorecer a los residentes de la casa, cualquier tipo de agua que se pueda ver desde la casa debe estar limpia y fluir. El agua estancada es agua yin negativa y puede resultar dañina para la salud. El agua yang es mucho más beneficiosa, especialmente para las viviendas yang. El agua sucia crea shar chi, que aporta vibraciones de desgracia que provocan enfermedades a los habitantes de la casa. Aún peor es si el agua está turbia o si huele a materia en descomposición. Si el desagüe que hay junto a la vivienda huele mal, se debe solventar inmediatamente. Si no, acaecerá algún tipo de desgracia.

011 Evita vivir en la cumbre de un monte

Si puedes elegir dónde vivir, evita los puntos de máxima elevación tales como la cima de una montaña o el ático de un bloque construido en lo alto de una colina. Cuando estás en una cumbre, estás expuesto al viento y a la acción de los elementos: eres vulnerable y sucumbirás con facilidad a la derrota si te encuentras en una situación competitiva. No debes pensar que vivir en lo alto te hará fuerte e invencible. Al contrario; te expone a los ataques: el síndrome de la amapola alta.

012 Evita vivir en un callejón sin salida

Tampoco es buena idea vivir en una casa o un bloque de viviendas situado al final de un callejón sin salida: sugiere una situación en la que, si tienes problemas, no hay salida. Si resulta que tu hogar se encuentra al final de una calle sin salida y no quieres mudarte, lo que debes hacer es construir un patio interior con una pared que dé directamente a la calle y, en esta pared, colocar una «ventana». Así podrás capturar simbólicamente el mal chi que pueda llegar a la casa. La serenidad del patio transformará cualquier mal chi que entre por la ventana. No hace falta decir que el patio debe estar adornado con agua, plantas que crezcan sanas y buena energía de tierra como piedras o guijarros.

013 Evita una casa hacia la que apunte directamente una calle

Ésta es una de las aflicciones más conocidas en el paisajismo feng shui. De hecho, casi todos los chinos están tan familiarizados con este aspecto del feng shui que resulta muy difícil vender a una familia china una casa hacia la que apunte directamente una calle. En estas situaciones, se considera que la calle es una flecha envenenada, y la mejor forma de solventar este problema es cerrar las vistas a ella. Si tu casa está situada en una elevación mayor que una calle o una carretera que apunte hacia ella, la situación no resultará dañina. Pero si está más baja que la calle que se cierne sobre ella, absorberá las energías hostiles de un Tigre mortífero.

014 No vivas entre edificios hostiles y más altos que el tuyo

Si tu vivienda se encuentra encajada entre dos edificios más altos que el tuyo, puede provocar que tus iguales te desafíen y tus superiores te pasen por alto. El remedio consiste en mantener bien iluminada la parte frontal de la casa. Nada mejor que una espléndida exhibición de energía yang.

015 Ten cuidado con las estructuras creadas por el hombre

Además de las estructuras naturales que se encuentran en el medio ambiente, también es aconsejable tener en cuenta las elaboradas por el hombre que puedan abrumar tu hogar atrayendo hacia éste un chi letal. Pueden ser torres de transmisión, edificios de aspecto hostil, pasos elevados o aristas angulosas de distintos tipos de construcciones. Como las estructuras creadas por el hombre suelen ser difíciles de contrarrestar, es mejor evitarlas totalmente.

016 Compra una parcela de formas regulares

Esto se aplica tanto a los terrenos como a las construcciones. La base para construir una casa con buen feng shui es una parcela de forma regular. En estos terrenos no faltan rincones y es fácil aplicar correctamente las fórmulas de los puntos cardinales.

017 Utiliza una brújula

Incluso cuando sólo se practica la forma paisajística del feng shui, en la que la brújula no es imprescindible, siempre es importante no equivocarse en la orientación, y para ello necesitarás una brújula. Si se aplica el feng shui cardinal, es imprescindible un buen instrumento. Los modelos modernos de estilo occidental, que indican el norte magnético, son adecuados para el feng shui porque éste es el norte que se aplica a todas las fórmulas para las viviendas yang.

Las direcciones no se dan en el vacío, sino que requieren un punto inicial de referencia. Sitúate en el centro de una sala para localizar la esquina sudoeste, y en el centro de la casa para localizar la esquina sudoeste de toda la vivienda. Ambas pueden activarse con buenos resultados.

018 Que el agua fluya con lentitud

La presencia de un arroyo o un río que fluya lentamente frente al hogar indica un buen feng shui. Lo mejor es que «el agua te abrace». Para los practicantes del paisajismo feng shui, cuando la casa está rodeada de chi acuático se crean vibraciones de prosperidad para quienes habitan su interior.

019 El buen auspicio del flujo del agua

El flujo del agua ofrece buenos auspicios cuando pasa frente a la puerta principal de la siguiente forma:

- Cuando la puerta principal está orientada directamente a uno de los cuatro puntos cardinales, frente a ella el agua debe correr de izquierda a derecha.

- Cuando la puerta principal está orientada en diagonal con respecto a la brújula (es decir que da al noroeste, sudoeste, nordeste o sudeste), el agua debe pasar frente a la casa de derecha a izquierda.

020 | Para las operaciones inmobiliarias

Los taoístas aconsejan tener en cuenta algunos augurios que pueden observarse cuando se va a comprar o alquilar una vivienda o un terreno. En primer lugar, lo mejor es siempre mirar la posible adquisición temprano por la mañana. El mejor momento es durante las horas del dragón, desde las 7 hasta las 9 de la mañana. También puedes ver tu posible futura propiedad a las horas que correspondan al animal de tu signo. En segundo lugar, hay que tener en cuenta las condiciones meteorológicas; si llueve, es buena señal porque indica una buena cosecha. Si la lluvia se convierte en una fuerte tormenta, en cambio, no es buena señal porque sugiere problemas que empeoran.

021 Haz que te ayude un niño

Los viejos maestros de feng shui afirman que la energía chi de la infancia, y especialmente la de un niño pequeño, es especialmente sensible para el análisis de la energía chi de una nueva propiedad. Por eso es una buena idea llevar consigo un niño para ver un terreno o una casa. La pureza de la energía chi infantil es tal que, si el lugar no cuenta con buenos auspicios, el chiquillo se inquietará.

Si el niño comienza a llorar o a mostrar inquietud, el sitio no posee buen feng shui. Si comienza a orinar o se pone difícil, es un indicio de obstáculos. Pero si el chiquillo muestra señales de alegría y sonríe, es un buen augurio. Confía en estas señales porque normalmente son un indicador preciso de la energía chi invisible del lugar.

022 Defiéndete de las flechas envenenadas con curas elementales

La cura elemental depende de la dirección de la que procede la saeta envenenada. Así:

• Si su origen está en el sur, coloca una gran urna de agua frente a la puerta.

• Si llega desde el norte, coloca tres rocas grandes o tres montículos de tierra frente a la casa. Otra buena cura consiste en colgar un cristal tallado frente a la puerta.

• Si procede del oeste o el noroeste, instala una luz muy brillante delante de la casa. También puedes recurrir al color rojo para simular la energía del fuego.

• Si proviene del este o el sudeste, cuelga una campanilla metálica con cinco varas frente a la casa. También puedes usar otros objetos de latón como perros Fu, monedas o tiras de bronce.

• Si llega desde el nordeste o el sudoeste, planta árboles o incorpora el color verde a la parte frontal de la casa. También puedes emplear este color para simular la energía de madera necesaria para superar la energía de tierra que te envía la flecha envenenada.

023 Cuidado con las líneas puntiagudas en las azoteas

Las flechas envenenadas que apuntan directamente a la puerta de la vivienda o a la casa confieren estas líneas. Hay que tomar en serio estas manifestaciones físicas de problemas de feng shui, ya que pueden hacer estragos en tu familia y tu situación económica. Si desde la casa de enfrente apunta directamente a tu casa una línea triangular de azotea, intenta taparla o cuelga un espejito redondo para que el reflejo la rechace.

El método tradicional consistía en colgar un espejo Pa Kua, pero de esta forma sólo conseguirías dañar a tu vecino y declarar una innecesaria guerra de feng shui. Una forma mucho mejor de contrarrestar flechas envenenadas como las formas triangulares es aplicar el método de las curas elementales.

024 Cómo seleccionar una casa con buen feng shui

Busca una casa que esté protegida por detrás por un terreno ligeramente elevado, por un grupo de árboles o por un edificio más alto.

Busca una casa con un «recibidor luminoso», es decir una zona vacía en la parte frontal. Puede ser una plaza, un padang o una extensión abierta. Estas casas disfrutan de una fortuna extremadamente buena.

Busca una casa con un número que corresponda a tu número KUA (consulta el consejo 107) o el día de tu cumpleaños. Si naciste un 18 de junio, busca una casa con el número 18; si naciste un 14 de septiembre, elige una con el número 14. Que coincida con el día del mes, no con el año o con el número correspondiente al mes.

Busca una casa con una forma regular en la que falten pocas o ninguna esquina.

025 Los mejores colores para las casas y edificios

Las casas y los edificios deben tener un color que corresponda al elemento asociado a la dirección opuesta a aquella en la que estén orientados. Por ejemplo, si la casa está orientada al norte, debe aplicarse el color asociado al sur.

Los edificios que dan al norte cuentan con buenos augurios si son predominantemente rojos o verdes. Los que dan al sur los poseen si son principalmente blancos o azules.

Los edificios que dan al este y al sudoeste disfrutan de buenos auspicios cuando son primordialmente blancos o amarillos.

Los que dan al oeste o al noroeste tienen buenos auspicios cuando son predominantemente verdes o azules.

Los que dan al sudoeste o al nordeste cuentan con ellos cuando son predominantemente amarillos o rojos.

026 Colores a evitar para las casas

Las casas que dan al norte no deben ser predominantemente amarillas o azules.

Las casas que dan al sur no deben ser predominantemente verdes o amarillas.

Las casas que dan al este y el sudeste no deben ser predominantemente rojas o azules.

Las casas que dan al oeste o al noroeste no deben ser predominantemente blancas o rojas.

Las casas que dan al sudoeste o al nordeste no deben ser predominantemente blancas o verdes.

027 Las mejores casas son las de formas regulares

Evita construir o habitar casas de formas irregulares, porque las esquinas que les faltan producen desequilibrios. Las casas con forma de L pueden ser peligrosas si les faltan las esquinas dotadas de buenos auspicios. Las casas en forma de U causan conflictos y discordias entre los cónyuges, que viven un matrimonio infeliz a causa de las constantes discusiones. En general, tampoco son buena idea las formas irregulares que producen las extensiones de la casa principal o las habitaciones adicionales que sobresalen de ciertas esquinas.

Lo mejor es que las casas sean de forma cuadrada o rectangular, lo que también facilita que los habitantes aprovechen la potencia de las fórmulas feng shui de los puntos cardinales.

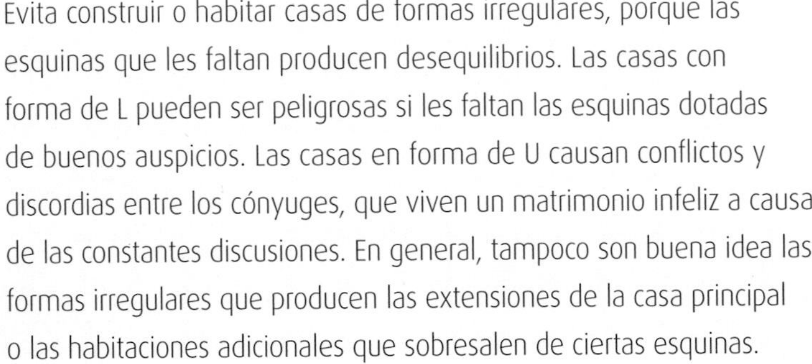

028 Cómo ubicar bien la casa

Planifica con sumo cuidado cómo construirás la casa. No la coloques excesivamente adelantada o retrasada dentro de la parcela. Lo ideal es ubicarla de forma que se pueda mantener un equilibrio entre sus dimensiones y que, al mismo tiempo, se genere el efecto del recibidor luminoso frente a la puerta de entrada. El recibidor luminoso puede ser un jardín o una pequeña zona de tipo vestíbulo frente a la puerta principal. Si el recibidor luminoso está totalmente ausente, no se puede acumular energía chi y la suerte financiera se resiente.

029 Las casas deben poseer equilibrio entre yin y yang

La casa debería estar diseñada para recibir una cantidad adecuada de luz solar. Si es demasiado oscura, en ella tenderá a acumularse una energía yin negativa que genera malos resultados. En todo momento debe mantenerse un buen equilibrio entre las energías yin y yang, lo que significa que un exceso de luz tampoco es buena idea. Siempre hay que ser consciente de la necesidad de este equilibrio vital.

030 Cómo debe ser la entrada para coches

La casa se infunde de buen feng shui cuando la entrada para automóviles no resulta amenazante. Es decir, no debe haber un callejón largo que apunte directamente a la puerta principal de la casa, como, al parecer, sucede en muchas viviendas en Occidente, puesto que a menudo comporta unos resultados desastrosos a la familia. La entrada para los coches debe encontrarse a un lado de la casa, o bien ser ligeramente curvada. Nunca debe transformarse en una flecha envenenada.

Las entradas para los coches no deben estrecharse al principio ni al final, porque tiene el efecto de limitar la suerte de los moradores de la casa en el trabajo y las finanzas. La colocación de luces a lo largo de la entrada crea un feng shui propicio para las carreras profesionales.

031 La puerta de entrada a la casa debe comunicar solidez y autoridad

La puerta principal de la vivienda siempre debe ser sólida y comunicar autoridad. Debería ser la más grande de la casa e, idealmente, estar orientada en la misma dirección que la vivienda, aunque si no es posible tampoco constituye un problema insalvable. Con todo, los habitantes de la casa deben ser conscientes de que la casa y la puerta no están orientadas en la misma dirección. Si la puerta de entrada a la casa no es de buen augurio para algún residente de la casa, debería accederse a ella por una puerta lateral. En general, la puerta principal debe poseer buenos auspicios para quien sostenga financieramente a la familia. La conveniencia de la orientación de las puertas se basa en los números KUA de cada persona, que se basa en la fórmula de las Ocho Mansiones.

032 Características favorables para la puerta de una casa

La entrada a la casa nunca debe dar directamente a un cuarto de aseo, a una escalera, a una pared o a un espacio estrecho. Esto produciría bloqueos en los miembros del hogar, cuya suerte se resentiría de esta situación. La mejor opción es que la puerta se abra hacia un recibidor luminoso. Antiguamente, en las grandes mansiones familiares había algún tipo de pantalla divisora frente a la puerta de entrada para dar la bienvenida al buen chi. Una pantalla de este tipo hace fluir la energía hacia la sala de estar, que también es el recibidor luminoso del hogar. Si se coloca una pantalla frente a la puerta, es importante que no sea más alta que ésta.

033 Colores favorables para la puerta de una casa

Una puerta de entrada que dé al sur debe estar pintada de rojo.

Una puerta de entrada que dé al norte debe estar pintada de azul.

Una puerta de entrada que dé al este o el sudeste debe estar pintada de verde.

Una puerta de entrada que dé al oeste o el noroeste debe estar pintada de blanco.

Una puerta de entrada que dé al sudoeste o nordeste debe estar pintada de amarillo.

034 | # Si la puerta de entrada da a una escalera ambivalente

Si ya no es bueno que la puerta de entrada se abra hacia una escalera, el impacto negativo empeora cuando hay dos escaleras porque la situación se vuelve ambivalente. También es malo que una escalera ascienda y la otra descienda al sótano: connota vacilación e incertidumbre, y los habitantes de la casa normalmente serán indecisos. El mejor remedio para una escalera que dé a la puerta de entrada a la casa consiste en colgar entre ambas una lámpara muy luminosa de tipo araña. La presencia de luces fuertes disuelve la energía incierta.

035 Lavabos situados directamente encima de la puerta principal

Esta situación constituye un problema importante y más común de lo que se espera, ya que se da en muchos apartamentos. La solución ideal consiste en, sencillamente, dejar de utilizar el lavabo de arriba. Por supuesto, es más fácil decirlo que hacerlo, ya que en la vivienda probablemente no sobrarán los lavabos. La segunda mejor solución pasa por instalar una potente lámpara enfocada hacia arriba con la esperanza de elevar la energía chi que rodea a la puerta de entrada a la vivienda.

036 Si apuntan flechas envenenadas contra la puerta de la casa

La entrada de la casa debe estar siempre protegida contra flechas envenenadas secretas: es una de las precauciones más importantes en la práctica del feng shui. Aunque el resto de la casa goce de un feng shui excelente, una potente flecha apuntada contra la entrada puede anular todo lo demás. Esta regla pasa por delante de todas las demás; es incluso más importante que las poderosas fórmulas de los puntos cardinales y que el cálculo de orientaciones feng shui.

Las flechas envenenadas que pueden amenazar la puerta de entrada a la casa son cualquier elemento anguloso, puntiagudo o recto. Si apuntan contra la puerta principal de tu casa, transmiten una energía letal que causa enfermedades, fracasos, obstáculos, dificultades y discusiones. Pueden hacerte perder dinero, tu buen nombre y casi todo lo que más quieres. Hay que lidiar con las flechas envenenadas secretas con sumo cuidado.

Una forma segura de proteger la puerta y, por consiguiente, la casa, consiste en tapar la amenaza de la vista. Sin embargo, el mejor repelente contra estas flechas y otras formas de energía negativa es una pareja de perros Fu flanqueando la puerta, o bien otros animales salvajes como Leones o Tigres.

037 Algunos ejemplos de flechas envenenadas

Un árbol solitario que crezca frente a la puerta de la casa puede arruinar tu vida familiar, impedirte tener hijos y, en general, cerrar el paso a la entrada de buena suerte en el hogar. Si el árbol está muerto y se está descomponiendo, es aún peor y tienes que hacer todo lo posible para eliminarlo. Si tienes que vivir con un árbol en esta situación, cambia la puerta de lugar o coloca una luz muy brillante y pinta la puerta de color rojo encendido. Si frente a la puerta hay varios árboles, no constituyen flechas envenenadas.

Una azotea de líneas triangulares frente a la entrada de la casa trae muchísima mala suerte, provoca enfermedades y suscita problemas en el trabajo y obstáculos en los negocios. Lo mejor es taparlo; si no es posible, cuelga una campanilla con cinco o seis varillas de metal entre la puerta de la casa y el perfil de la azotea.

Otras flechas envenenadas son el borde de un paso elevado, una imagen de cruz o una estructura de aspecto agresivo situada al otro lado de la calzada. La potencia de la energía hostil emitida por estas estructuras es proporcional a su tamaño. Normalmente sus efectos son graves; es mejor ocultarlas de alguna forma.

038 La puerta de la casa no debe dar a edificios religiosos, etc.

La puerta de la casa nunca debe dar directamente a iglesias, templos, monasterios, hospitales, prisiones u otros lugares en los que se acumulen grandes cantidades de energía yin. Cuando la puerta principal de la casa se encuentre frente a tales concentraciones de energía yin, se genera un desequilibrio de primer orden y la única forma de compensarlo (si no puede mudarse) es pintar de rojo la puerta de la casa. Esto generará una poderosa energía yang que contrarrestará la energía yin y reequilibrará las fuerzas.

Sin embargo, no representa ningún problema que los edificios religiosos se hallen detrás de la casa o a un lado. Si éste es el caso, es buena idea pintar de rojo la pared correspondiente.

039 La puerta de la casa no debe dar a un desvío en forma de Y

La puerta de la casa no debe dar directamente a un desvío en forma de Y, ya que esta forma simboliza el infortunio y la necesidad de tomar decisiones difíciles una y otra vez. También atrae las divisiones hacia la familia: provoca discusiones entre hermanos y entre cónyuges. Si existe este problema, cambia de sitio la puerta de la casa.

040 La puerta de la casa no debe dar a una montaña

La puerta de la casa nunca debe dar directamente a una montaña o a una ladera, especialmente si éstas se encuentran a menos de seis metros. Cuando la ladera esté demasiado cerca de la puerta, la energía negativa se intensifica aún más. Entre otros resultados, este problema provoca pérdidas financieras, quiebra de negocios y dificultades de trabajo. La mejor solución es reorientar la puerta para que dé a otra dirección y así «capturar» la montaña como apoyo posterior. De esta forma, transformarás un factor dañino en un soporte valioso para tu casa.

041 La puerta de la casa no debe dar a la curva de un camino

La puerta de entrada a la casa nunca debe dar directamente a una curva de un camino o al borde de un paso elevado. Esto simboliza que la casa queda «cortada» por una cuchilla y da lugar a problemas graves de salud. A veces, este problema también puede dar pie a que se manifiesten problemas financieros.

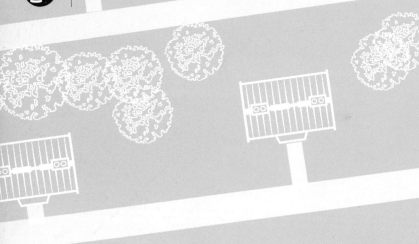

042 La puerta de la casa no debe dar a un espacio estrecho entre dos edificios

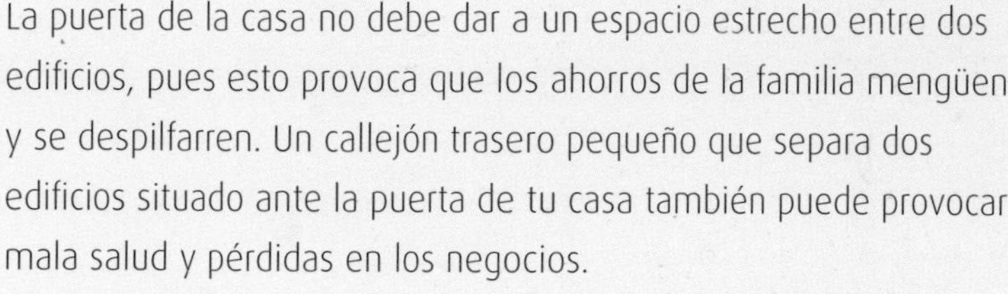

La puerta de la casa no debe dar a un espacio estrecho entre dos edificios, pues esto provoca que los ahorros de la familia mengüen y se despilfarren. Un callejón trasero pequeño que separa dos edificios situado ante la puerta de tu casa también puede provocar mala salud y pérdidas en los negocios.

043 La puerta de la casa no debe dar a un vertedero

No debe haber amontonamientos de basura ante la puerta de tu casa, ya que puede provocar graves desgracias y pérdidas financieras. Depositar la basura frente a la puerta de la casa puede suscitar pérdidas en las aspiraciones profesionales y los objetivos empresariales. Es mejor colocar las bolsas de basura fuera de la vista y, sobre todo, lejos de la puerta de la casa.

044 Hay que reparar los desagües obturados

Si los desagües de alrededor de la casa se embozan con hojas secas y demás desechos, hay que desatascarlos lo antes posible. Cuando se obturan estos desagües, generan bloqueos en nuestras vidas; se frenan los proyectos e incluso el flujo del chi por el interior del cuerpo, lo que desencadena la aparición de enfermedades. Los desagües embozados son uno de los problemas de feng shui más graves.

045 Diseñar el plano de una casa

Las casas construidas a partir de un plano diseñado con buenos auspicios crean un excelente feng shui para los miembros del hogar. Existen distintos métodos para asignar cada rincón de la casa a distintos miembros de la familia. Esta asignación puede diseñarse en función del Pa Kua, según el animal astrológico que corresponde cada persona, o aplicando una de las fórmulas de los puntos cardinales.

Hay que comenzar por identificar los diferentes sectores de la casa en función de los puntos cardinales. Normalmente, una casa puede dividirse en nueve sectores: los ocho que corresponden a las direcciones, más uno central. Esta disposición sigue la cuadrícula del Lo Shu. Así, cada uno de los sectores tiene asignada una dirección de la brújula.

Estos sectores deben demarcarse utilizando una brújula. Si es posible, colócate en el centro de la casa para orientarte. Si no, utiliza el plano para dividir la casa en sectores. Así será más fácil comenzar a asignarlos a los miembros de la familia. Reserva siempre las mejores zonas para quien sustente a la familia. Para el comedor y el salón que más se utilice, como el del televisor, deben reservarse también estancias con buenos auspicios.

046 Método Pa Kua para diseñar el plano

Según el método Pa Kua, el padre o el patriarca tiene que instalarse en el rincón noroeste de la casa y la madre en el sudoeste, aunque ésta también puede vivir en el noroeste si lo desea. El hijo mayor debe dormir al este de la casa, y la hija mayor en el sudeste. Éste es el método más sencillo para seleccionar los sectores en los que deben situarse las distintas salas de la casa.
El Pa Kua utilizado en este libro se basa en la última disposición celeste de los trigramas, que sitúa al trigrama Chien (que simboliza al patriarca) en el noroeste. Así, en este método el noroeste es una dirección de gran importancia; en la casa no debe faltar el sector correspondiente a él.

047 Método astrológico para diseñar el plano de la casa

Este método es excelente para trazar el plano de la casa. Consiste en colocar la rueda astrológica sobre el plano de planta de toda la casa para determinar los sectores más adecuados para cada miembro de la familia. También se puede aplicar al interior de un dormitorio para saber cuál el mejor lugar para que duerma cada habitante de la casa.

Verás que la Rata se encuentra al norte, el Caballo al sur, el Conejo al este y el Gallo al oeste. Los demás animales se hallan en las direcciones secundarias. Si eres Gallo, deberías dormir en una habitación ubicada al oeste, y si eres Rata en una situada al norte.

048 Método de las Ocho Mansiones para diseñar el plano de la casa

Un tercer método para diseñar la casa consiste en emplear las direcciones que para cada miembro de la familia ofrezcan buenos y malos auspicios en función de su fecha de nacimiento y de su número KUA. Según la fórmula de las Ocho Mansiones, cada persona pertenece o bien al grupo del este o bien al del oeste.

En función de esta fórmula de los puntos cardinales, las personas del grupo del oeste tienen que dormir en una de las cuatro ubicaciones occidentales de la casa: oeste, sudoeste, noroeste y nordeste.

Los del grupo del este deben dormir en uno de los cuatro sectores orientales de la casa: este, norte, sur y sudeste.

Para saber si perteneces al grupo del este o al del oeste, tienes que conocer tu número KUA (consejo 107), que se calcula a partir de la fecha de nacimiento.

049 Método de la Estrella Voladora para el plano de la casa

Otro método muy potente para asignar las estancias de la casa e incorporarlas al plano del edificio es la Estrella Voladora feng shui, que posee una gran potencia y aplica la dimensión temporal del feng shui. La Estrella Voladora feng shui permite conocer los cambios de energía que se registran a lo largo del tiempo. Para emplear este método, hay que saber leer la carta natal de una casa, que muestra los sectores del edificio con mejores auspicios e identifican con precisión los sectores más propicios a la suerte de cara a los negocios, las relaciones, la salud y demás aspectos. Este método feng shui también permite estar al día de los cambios anuales y mensuales de las energías.

La mejor forma de abordar el diseño del plano de la casa consiste en estar familiarizado con los diferentes métodos y tratar de aplicarlos todos para lograr un diseño con un feng shui equilibrado.

50 El feng shui de las puertas

Las puertas son importantes conductores de energía del hogar. En una casa no debe haber demasiadas porque cada una es una «boca» y, cuando en un hogar sobran bocas, pueden surgir disputas y malentendidos. He aquí algunos preceptos que deben respetarse:

- No debe haber tres puertas seguidas, sobre todo si una es la frontal de la casa, otra la trasera y existe una tercera entre ambas. Esta situación adolece de pésimos augurios. Cuelga un cristal sobre la puerta de en medio o, mejor, coloca algún tipo de superficie divisoria para desviar el flujo del chi.

- Cuando dos puertas se enfrentan directamente entre sí, tienen que ser de la misma altura y anchura. Deben estar encaradas directamente; el resultado es una situación de confrontación, pero si sólo se enfrentan parcialmente es peor, ya que desencadena pérdidas.

- Cuando haya dos puertas en ángulo recto entre sí, es importante que se abran y cierren hacia las habitaciones correspondientes.

- Dos entradas desde la casa a la calle que se encuentren lado a lado y hacia la misma dirección provocan desacuerdos constantes entre el padre y la madre. Si quieres dos puertas, una para el padre y una para la madre, tienen que dar a direcciones distintas.

051 Evita las vigas expuestas en el techo

Nunca te sientes bajo vigas expuestas a la vista en el techo, especialmente si forman parte del armazón del edificio. Sentarse o dormir bajo vigas descubiertas causa estrés, tensión y dolores de cabeza. Si hay vigas de este tipo en la casa, puedes taparlas con un falso techo; si esta solución no es factible, cuelga de la propia viga dos flautas de un cordel rojo formando una A para reducir la transmisión de energía letal. Si vives en una casa de madera con vigas fuertes que están integradas en el estilo de la casa, éstas no son tan dañinas. Las peores son las que sobresalen aisladas por debajo del techo.

52 Cuidado con las columnas

Los expertos en feng shui advierten contra las columnas que aparecen aisladas en la casa, especialmente si son cuadradas con bordes rectos. Los bordes producen problemas porque emiten energía letal. Las columnas casi siempre aparecen en las estancias grandes cuando el edificio se ha construido de forma económica. Si tienes columnas, recuerda que sus cuatro esquinas exudan chi venenoso. Para remediarlo, puedes rodear las columnas de espejos o camuflar sus esquinas con plantas.

053 Feng shui para las escaleras

Las escaleras no deben ascender directamente desde la puerta principal de la casa ni dar directamente a una puerta del primer piso, ya que se crearía un chi demasiado fuerte que resultaría perjudicial. Lo mejor es que las escaleras se curven ligeramente y no sean rectas y empinadas. Debe hacerse lo posible para evitar las escaleras de caracol; nunca deben estar en el centro de la casa, donde se convierten en una flecha envenenada de la peor especie. En general, las escaleras deben ser anchas y ascender suavemente, sin «hoyos» en los escalones.

054 Evita los niveles múltiples en un mismo piso

No es conveniente que en una residencia haya varios niveles medios. Una planta baja compuesta por varios niveles tiende a sugerir inestabilidad. Sin embargo, si vives en una casa con distintos niveles, el comedor debe estar en el superior. Si vives en una casa construida en la ladera de una montaña, los dormitorios deben estar en los niveles superiores y las cocinas en el inferior.

055 Coloca la cocina atrás

La cocina siempre debe hallarse en la mitad posterior de la casa. Cuando está demasiado cerca de la parte frontal, se desequilibra la energía elemental del hogar. Según el *Libro clásico de la morada YANG*, la mejor localización para la cocina son las esquinas este o sur de la casa. Nunca debe encontrarse en el sudoeste, porque iría contra la madre, ni al noroeste, porque iría contra el padre. Otra razón para evitar que la cocina esté al noroeste es que significa «fuego a las puertas del cielo». De hecho, los fogones y el horno nunca deben estar al noroeste, ni de la casa ni dentro de la propia cocina.

056 | Espejos problemáticos

Cuando los espejos están en el dormitorio y reflejan directamente la cama, constituyen una fuente de problemas de feng shui. Los espejos en una habitación de matrimonio tienden a causar muchos problemas para los cónyuges. Producen hacinamiento en la pareja. Se dice que los espejos grandes que reflejan la cama producen un chi demasiado potente para una persona que duerme. Recuerda también que, cuando duermes, eres vulnerable a fuerzas y energías ocultas que pueden reflejarse hacia el dormitorio. Así, si tienes espejos en la habitación es de lo más aconsejable que los quites o los tapes.

057 Espejos para mejorar los negocios

Los espejos pueden ser de una ayuda asombrosa en un negocio de venta al público o un restaurante. Cuando se emplean para decorar las paredes, normalmente atraen a muchos más clientes. Esto se debe a que el chi yang creado por la gente que frecuenta el establecimiento atrae aún más energía yang, por lo que el negocio prospera. También es buena idea colocar un espejo que refleje la caja registradora, ya que «duplica» las ventas. Si el espejo refleja símbolos positivos de buena fortuna colocados junto a la caja, los auspicios serán aún mejores.

058 Espejos como soluciones

Los espejos pueden emplearse para camuflar columnas por los cuatro costados. También son buenos para reparar la ausencia de una esquina y para extender muros, es decir para equilibrar las casas con formas incompletas. Mientras el espejo no refleje una imagen potencialmente problemática, como una escalera, un lavabo o una cocina, se puede emplear como solución.

059 Uso favorable de los espejos

Una colocación inteligente de los espejos en casas y tiendas puede generar un feng shui excelente. Un espejo grande colocado en una pared del comedor que refleje la comida de la mesa es ideal, porque «duplica» los alimentos. Para ser beneficioso, el espejo tiene que reflejar la comida de forma adecuada, y no debe «cortar» la cabeza ni los pies de los residentes. En otras palabras, el espejo debe poseer un tamaño suficiente.

Los espejos también son excelentes para reflejar símbolos de buena suerte y la belleza de un jardín. Cuando el espejo refleja agua desde el exterior hacia el interior de la casa, el efecto es muy afortunado porque aporta riqueza al hogar.

060 Evita las estancias de formas irregulares

Las habitaciones con formas irregulares o techo inclinado pueden llegar a ser muy desfavorable. Por ejemplo, las habitaciones con forma de L simbolizan un cuchillo de carne y, a menos que ocupes (para trabajar o dormir) el área que representa al mango (es decir, la parte corta), puedes sufrir una desgracia. Las habitaciones con forma de L se consideran incompletas y, si falta precisamente una esquina de buena suerte, perderás las ventajas que habría aportado. Muchos dormitorios con baño privado tienen esta forma.

061 Que las habitaciones tengan formas regulares

Las habitaciones de formas regulares resultan más fáciles de acondicionar con arreglo al feng shui que las de formas anómalas. Si el dormitorio tiene formas irregulares, utiliza elementos de diseño y muebles para compensarlo. Si toda la casa tiene una forma irregular, puedes utilizar espejos para resolver las esquinas ausentes (siempre y cuando el reflejo del espejo no cree otro problema de feng shui).

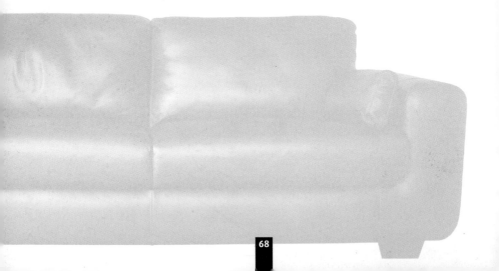

062 Que los lavabos no llamen la atención

Es mejor que los lavabos sean pequeños, no llamen la atención y se encuentren en rincones discretos. No coloques los lavabos en la esquina sudoeste o sudeste de la casa. En el sudoeste, un lavabo desagua la suerte en la relación de pareja y puede perjudicar seriamente las perspectivas de matrimonio de los habitantes solteros de la casa. En el sudeste, los lavabos llevan al traste todas las oportunidades para amasar fortuna. Los lavabos tampoco deben hallarse en el centro del edificio porque esto aflige al corazón del hogar.

Aunque el baño sea grande y lujoso, es mejor que el lavabo se encuentre en una esquina pequeña, aislado físicamente del resto de la estancia. Puedes poner este principio en práctica con un muro de media altura.

Los lavabos tampoco deben encontrarse demasiado cerca de la entrada a la casa, ya que provocaría muy mala suerte.

063 | Colocación del mobiliario en la cocina

Es aconsejable no colocar los elementos de fuego y agua yuxtapuestos ni unos frente a otros. Así, la nevera o el lavaplatos (de elemento agua) no deben estar al lado ni directamente frente al horno, en el que se enciende fuego y calor siempre que se cocina. El fregadero tampoco debe estar frente al elemento de fuego ni a su lado.

064 Construir extensiones de la casa

Si construyes extensiones de la casa, tienes que tener en cuenta el efecto que tendrán en la forma del edificio. Ciertas combinaciones de formas son beneficiosas y otras no. Analiza el elemento de la nueva extensión en función de su ubicación, es decir, del sector direccional que ocupará. Para que el elemento que produce la extensión sea beneficioso para el resto del edificio, debe coincidir con el asociado a la dirección a la que da la puerta de la casa, o al menos no contrarrestarlo.

• Si la extensión se encuentra en la esquina sur, representa el elemento fuego. Si la puerta de la casa está al oeste, el elemento fuego de la extensión destruye el elemento de metal de la puerta principal. Si la entrada de la casa está al sudoeste, en cambio, el elemento fuego producirá el elemento tierra de la puerta de la casa.

• Si la extensión se halla al sudeste, representa el elemento madera. Si la entrada de la casa está al sur, pertenece al elemento fuego. La extensión de la madera alimenta al elemento fuego de la puerta, por lo que el efecto es positivo.

065 Consejos feng shui para oficinas

Si la entrada de la oficina da directamente a una escalera mecánica, y el pie de ésta da a la entrada desde la calle, el efecto feng shui es negativo porque la suerte fluirá hacia el exterior. Esta situación también es perjudicial para una tienda.

Cuando la entrada a la oficina da directamente a una serie de ascensores, el efecto es negativo. Es como un tigre que salta hacia la puerta. La entrada a una oficina no debe dar directamente al rellano del ascensor.

No coloques la entrada a la oficina al final de un pasillo largo, porque enviaría un chi funesto hacia la puerta.

Si la entrada a la oficina se halla enfrente de otra oficina, tiende a generarse un efecto de confrontación. Si no puede resolverse, ambas puertas deben al menos estar perfectamente alineadas para reducir los malentendidos entre sendas oficinas.

66 Más consejos feng shui para oficinas

Al mirar fuera desde el interior, la puerta de la oficina debe dar a una dirección que favorezca al jefe de la oficina. Utiliza la fórmula KUA de las direcciones personalizadas para determinar las mejores direcciones.

El paso por el vestíbulo de una oficina no debe estar entorpecido por cajas ni periódicos viejos. Utiliza espejos para agrandar la sensación de espacio, pero recuerda que nunca deben reflejar directamente la puerta porque desviarían la suerte hacia fuera.

El vestíbulo debe estar bien iluminado porque esto incrementa la acumulación de energía yang, que es buena para la oficina.

Si hay recepcionista en la oficina, es mejor que no trabaje directamente de cara a la puerta. También es buena idea colocar una pared divisora en el vestíbulo para impedir que el interior de la oficina sea visible desde la entrada.

067 | Ejemplos de edificios con malos auspicios

La suerte de la mayoría de edificios se ve afectada por su posición relativa con respecto a las estructuras que los rodean. He aquí cuatro ejemplos de edificios con posición negativa:

- Una configuración desafortunada causada por un paso de tráfico elevado que bloquee la puerta de la calle.
- Un edificio más pequeño y bajo que los que lo rodean quedará «abrumado».
- Un edificio «herido» porque desde el frente le apunta un borde anguloso o un elemento puntiagudo.
- Un edificio ubicado al final de un callejón sin salida o de un cruce entre tres caminos.

68 Más ejemplos de situaciones dañinas

Configuraciones desafortunadas provocadas por pasos elevados y carreteras hostiles.

• Un edificio puede quedar «herido» por los bordes angulosos de los edificios circundantes.

• Los edificios situados en cruces pocas veces son afortunados. Las esquinas de los edificios también se afectan negativamente entre sí.

• Los edificios muy altos pueden ser negativos para una casa si apuntan directamente hacia su puerta principal.

069 Coloque un barco de vela en el recibidor

Un símbolo de un barco de vela en el vestíbulo aporta riqueza a la oficina, aunque la embarcación debe navegar hacia el interior y no hacia el exterior. El barco debe estar lleno de lingotes y dinero, porque trae fortuna. Aún mejor: que navegue desde una de las direcciones dotadas con buenos auspicios para el jefe de la empresa.

070 Que el barco esté lleno de tesoros

Si es malo que el barco navegue hacia el exterior de la oficina y no hacia su interior, no lo es menos que entre de vacío. Esto significaría que tus esfuerzos son vanos y no aportan beneficios. Por eso los barcos deben estar siempre repletos de lingotes, monedas, barritas de oro, joyas y demás tesoros.

071 Consejos para organizar la oficina

Deben evitarse los pasillos largos. En cualquier espacio de oficina, los corredores deben serpentear para frenar el flujo del chi. Las plantas son perfectas para dividir espacios. Cueste lo que cueste, evita un exceso de divisiones porque se generaría un efecto de hacinamiento. Las oficinas tienen que estar bien iluminadas y el sistema de ventilación debe limpiarse con frecuencia para que el aire nunca se enrarezca.

072 Esquinas sobresalientes

Estos elementos se consideran en general como estructuras negativas comparables con cuchillos o dedos hostiles que amenazan directamente hacia la persona hacia la que apuntan. Los bordes angulosos también pueden apuntar directamente hacia un armario de documentos importantes, o hacia la puerta del despacho del director. Hay varias formas de «disolver» la energía negativa que emana de estas flechas envenenadas.

• Las plantas van muy bien para tapar las esquinas sobresalientes; si se marchitan y mueren al cabo de unos meses, cámbialas.

• Tapa la esquina sobresaliente con un espejo.

• Cuelga una bola de cristal para desdibujar el borde de la esquina.

073 Despacho del director

Cuanto más elevado sea tu cargo en la oficina, más hacia el interior de ella debe encontrarse tu despacho. La mejor sala es la de la esquina diagonalmente opuesta a la puerta de entrada. Se dice que éste es el punto de «riqueza» de cualquier espacio. El despacho de los grandes jefes empresariales siempre deben respetar varias directrices de feng shui:

- Es imprescindible que la habitación tenga formas regulares. Deben evitarse a cualquier coste las estancias con formas de L o triangulares.
- Las esquinas sobresalientes deben taparse con plantas o muebles.
- No debe haber estanterías de libros a la vista, porque son como cuchillos preparados para cortarte.
- Si se ve el borde de un edificio por la ventana, tapa la vista con cortinas.

074 Colocación correcta de la mesa de trabajo

Cuando la mesa de trabajo está en una posición positiva, se disfruta de buena suerte en el trabajo. He aquí algunos consejos:

• Nunca te sientes con una ventana abierta a tu espalda, porque sugiere una falta de apoyo. Si la ventana está cerrada, no pasa nada. Ten siempre una pared detrás y, mejor aún, cuelga en ella una pintura de una montaña. Así tendrás un apoyo bien sólido.

• Siéntate siempre con la puerta delante. El ángulo no importa siempre que estés sentado hacia una de las direcciones que son positivas para ti.

075 Mala colocación de la mesa de trabajo

• No te sientes con la puerta del despacho apuntando directamente hacia ti. Te pondrás enfermo.

• No te sientes de espaldas a la puerta. Podrían «apuñalarte» por la espalda.

• No te sientes directamente de cara a otra persona porque es un signo de confrontación y conduce a la hostilidad.

• No te sientes demasiado cerca de un compañero. La calidad del chi puede agotarse.

076 Nunca te sientes de espaldas a la puerta

Debes hacer lo posible para no sentarte nunca de espaldas a la puerta. Si no, te traicionarán tus compañeros o subordinados de la oficina. Tampoco debe haber nunca nada que bloquee el camino de entrada y salida de tu despacho: aparecerían «obstáculos» en tu trabajo. Si percibes que algo dañino apunta contra tu puerta, quítalo; si no puedes, tápalo de la vista.

077 Colocación de la mesa de trabajo

La mejor colocación para la mesa de trabajo en una oficina es hacia la parte central de la sala, sentado de cara a una de las direcciones positivas para ti y también de cara a la puerta. Puedes tener una ventana a tu lado, pero si está detrás normalmente será perjudicial a menos que haya un edificio alto a tu espalda que te dé soporte. Si este edificio es un banco, mejor aún porque simboliza que te está respaldando, algo muy positivo para un hombre de negocios. También es afortunado que la mesa esté en la esquina diagonalmente opuesta a la puerta de la oficina.

078 Cómo organizar un despacho con formas irregulares

Si no tienes elección y tienes que ocupar un despacho con formas irregulares, puedes utilizar algunos elementos y remedios de feng shui para compensar los aspectos dañinos. El uso de la iluminación puede ser una forma excelente para regularizar la energía de la oficina. Coloca algunas luces adicionales en la esquina de una estancia con forma de L.

079 Salas de juntas

Deben estar diseñadas de forma que el máximo director esté a la mayor distancia posible de la entrada. Debe haber un muro sólido a su espalda y las ventanas deben estar a los lados de la mesa. Lo más importante es que todos los directores que asistan a reuniones deben sentarse mirando hacia la dirección que les sea más propicia según sus números KUA. Así tendrán garantizados los mejores resultados.

080 Asignar despachos a los trabajadores

Según la escuela feng shui Pa Kua Ocho Aspiraciones, el jefe financiero debe instalarse en la esquina sudeste porque este sector simboliza el flujo de dinero. La contabilidad será propicia si el director de finanzas se sienta allí. Los directivos de recursos humanos deben situarse siempre en el sector este de la oficina porque puede fomentar una buena cooperación entre los trabajadores. El personal de investigación debe sentarse en las esquinas nordeste; en cuanto a los jóvenes que estén en proceso de aprendizaje, lo mejor es que trabajen en el norte o el oeste. No obstante, todo esto son directrices generales. Los entusiastas del feng shui que conozcan las fórmulas más avanzadas, como la Estrella Voladora, deben aplicarlas también.

081 Puertas dentro de oficinas

La puerta principal de cualquier espacio de trabajo debe tener unas características apropiadas: tiene que ser sólida, grande y abrirse hacia un espacio dotado de buenos auspicios. Las puertas de entrada no deben abrirse nunca directamente hacia una ventana, una escalera o un lavabo: podría provocar que la empresa tuviese resultados negativos. El flujo de chi hacia la oficina debe estar abierto y entrar lentamente hacia el interior. Cualquier factor que lo desvíe hacia fuera por la ventana es negativo. Esta regla también se aplica a la parte posterior de la oficina. Si hay puertas en el interior, deben hacer que el chi «serpentee» y no que fluya en línea recta.

- La puerta de un despacho no debe dar a un lavabo.
- La puerta no debe dar a una ventana, ni (lo que sería peor todavía) a la puerta trasera.
- Las puertas del interior de la oficina nunca deben estar colocadas en línea recta.
- Las puertas de una oficina deben hacer que el chi «serpentee».

082 Feng shui para oficinas en general

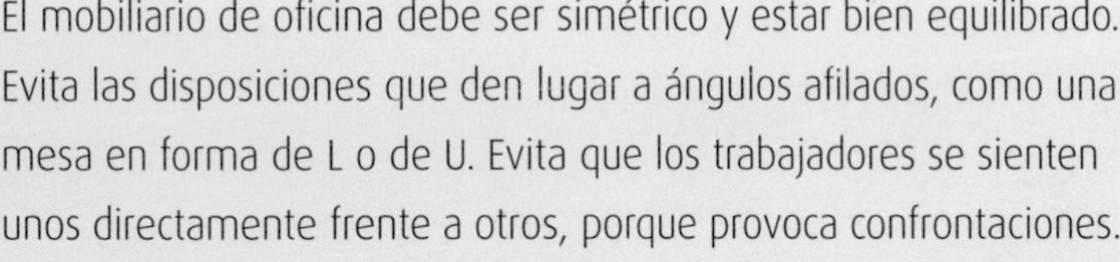

El mobiliario de oficina debe ser simétrico y estar bien equilibrado. Evita las disposiciones que den lugar a ángulos afilados, como una mesa en forma de L o de U. Evita que los trabajadores se sienten unos directamente frente a otros, porque provoca confrontaciones.

Colocar las mesas en una posición favorable afecta a la productividad de la oficina al alimentar la cooperación y la armonía entre los trabajadores. Las oficinas con buen feng shui pocas veces sufren problemas de absentismo, enfermedad, intrigas o discusiones.

Las oficinas en forma de L tienden a provocar enfermedades. Las que tienen forma de U provocan fricciones entre los empleados. La colocación en diagonal de mesas y puestos de trabajo generan discordia y fricciones. La mejor disposición pasa por dejar espacio suficiente para moverse por la oficina con facilidad. Las columnas incorporadas al diseño deben camuflarse con plantas. Se pueden emplear espejos para ampliar artificialmente la sensación de espacio.

083 Colores en la oficina

Utiliza análisis de elementos para elegir los colores de la oficina. Es buena idea evitar los motivos de rayas, cruces y rombos, tanto en el suelo como en las paredes. Estos diseños anidan flechas envenenadas secretas que hieren a los trabajadores sin que se den cuenta. El color de las paredes debe extenderse con continuidad de un muro al siguiente. En caso de duda, utiliza colores neutros, como tonos pastel o de la gama de blancos, y emplea un solo color elemental para realzar una pared o una esquina concreta que sea importante o tenga «buenas estrellas». El área cercana a la puerta siempre es importante, por lo que es buena idea pintarla de un color que resalte el elemento del asiento. Así, si el vestíbulo está al norte, el blanco es ideal porque representa el agua, que produce metal, el elemento del norte.

De la misma forma, utiliza verde en el sur, rojo en el nordeste y el sudoeste, amarillo en el noroeste y el oeste, y azul en el este y el sudeste.

084 Consejos para seleccionar un apartamento

Examina los aledaños del edificio. Elige una construcción que posea una entrada clara y un buen vestíbulo en el que el chi se pueda asentar y acumular antes de adentrarse en el edificio. La entrada para coches debe ser curvada y no recta, y la presencia de agua frente a la entrada es un buen augurio. Los mejores edificios suelen estar situados en tierras de superficie ondulante, ni demasiado cerca de la base de una montaña, ni demasiado cerca de la cima de una elevación del terreno. Los mejores apartamentos son los de los pisos de la mitad del edificio.

• Los apartamentos construidos en la cima de una montaña carecen de apoyo y no están protegidos del viento y los elementos.

• Una «mansión» en el cielo (como un ático construido en una azotea) adolece de los mismos problemas de feng shui.

085 Puerta de un apartamento

La puerta del bloque de viviendas es mucho más importante que la del propio apartamento. Los practicantes del feng shui de Estrella Voladora sabrán que la dirección en la que está orientado el edificio determina la fortuna de la vivienda, al menos en los primeros nueve pisos. Los que estén más arriba deben analizarse por separado. Normalmente, los rascacielos disponen de grandes ventanas panorámicas con vistas a la ciudad o a un paisaje atractivo. Esta ventana panorámica es la que determina la dirección en la que está orientado el apartamento, la que debe tenerse en cuenta en el feng shui de Estrella Voladora cuando se estudia una vivienda a más de nueve pisos de altura de la calle.

986 Edificios situados sobre un desnivel abrupto

Estas situaciones se consideran extremadamente peligrosas y desafortunadas. Se considera que carecen totalmente de soporte. Este mismo efecto se siente cuando hay carreteras a ambos lados del edificio (es decir, delante y detrás). Los edificios con vías de tráfico situadas al pie y en la cima, o a media altura del edificio, tampoco son buenos. Sus habitantes sufrirán problemas graves.

087 Piscinas cerca de un apartamento

Las piscinas son un atractivo frecuente en los bloques de viviendas, y generalmente atraen buenas vibraciones de chi, especialmente cuando parecen «abrazar» el edificio y tienen forma circular o de riñón. Si a su alrededor están adornadas con vegetación abundante, los auspicios son aún más positivos.

Las piscinas siempre aportarán mayor suerte si están situadas en concordancia con el feng shui de Estrella Voladora. Según este tipo de feng shui, la mejor localización para el agua será aquella en la que se encuentre la estrella de agua 8. La Estrella Voladora resulta excelente para que los estanques, piscinas y demás elementos con agua atraigan la riqueza.

088 Aprovecha el buen chi del río

Hay tres formas ideales para «capturar» el buen chi de los ríos y las masas de agua que pasan al lado de la casa. Las tres requieren que el río pase frente a la entrada de la casa.

En primer lugar, estudia el flujo del río. Si corre de derecha a izquierda visto desde la casa, orienta la puerta principal hacia una dirección secundaria (es decir, sudoeste, nordeste, noroeste o sudeste). Si corre de izquierda a derecha de la puerta, oriéntala hacia un punto cardinal (norte, sur, este u oeste). Si, al colocarla en esta dirección, la puerta queda a 45 grados con respecto al muro, se habrá generado un efecto de puerta de castillo y el hogar disfrutará de una enorme suerte para los ingresos.

En segundo lugar, utiliza el método de la Estrella Voladora para atraer hacia la parte frontal de la casa la estrella 8 con buenos auspicios de agua. Consulta mi libro *Flying Star Feng Shui For Period 8* para localizar el plano más apropiado con la estrella de agua al frente.

En tercer lugar, orienta la casa hacia el sudoeste. Entre los años 2004 y 2024, esta dirección constituye el espíritu indirecto del período 8, que se beneficia de la presencia de agua.

089 Analizar el efecto feng shui de un río cercano

Si fluye un río por delante o cerca del edificio de la casa, normalmente traerá buena suerte. En general, conviene que sea lento y limpio; los ríos rápidos y rectos generan energía chi dañina y pueden ser peligrosos, especialmente cuando la orientación de la casa crea inadvertidamente una energía que choca con el río.

Siempre es mejor que el río corra frente a la casa que por la parte trasera, y si el curso del agua se curva, es mucho mejor que lo haga abrazando la casa en lugar de apuntar contra ella con su orilla externa.

090 Elegir un piso con buenos auspicios

Busca apartamentos con la entrada orientada hacia una de tus cuatro buenas direcciones. Esto se aplica tanto a la entrada del edificio como a la del apartamento. Por encima del noveno piso, se considera que los apartamentos son independientes del edificio, y en ellos también es muy importante la dirección de la ventana o del balcón de mayor tamaño. Esta dirección es de donde viene el chi, por lo que debe corresponder a una de las cuatro direcciones positivas para ti. El gráfico de la Estrella Voladora que se aplica a edificios de más de nueve pisos suele basarse en la dirección hacia la que da el balcón o la ventana más grande.

091 Problemas en la puerta de entrada a un apartamento

Es vital que la entrada al apartamento no sufra problemas de feng shui difíciles de resolver como los siguientes:

• En el piso de arriba no debe haber un lavabo situado directamente encima de la puerta de entrada.

• No debe haber un hueco de ascensor directamente frente a la puerta del apartamento. El chi que emana el ascensor es funesto, incluso letal.

• No debe haber un pilar directamente delante de la puerta del apartamento.

• No debe haber una escalera directamente delante de la puerta del apartamento.

• La puerta no debe hallarse al final de un pasillo largo.

092 Entrada hacia un interior espacioso

Al entrar en un apartamento o una casa, el área inmediata no debe ser angosta ni estar bloqueada. Lo ideal es que la puerta de entrada ofrezca una buena vista sobre la sala de estar. Cuanto mayor sea el área visible, mejor tenderá a ser la energía feng shui. La esquina más alejada en diagonal con respecto a la puerta cuenta con buenos auspicios. El chi de la entrada será excelente si colocas allí un elemento favorable como agua, si está al norte o al sudeste, o cristales si se halla al sudoeste o al nordeste.

• Si la puerta de entrada da a un lavabo, hay que cambiar de sitio la puerta de éste.

• Si la puerta da a una esquina constreñida, hay que mantener este espacio bien iluminado. También se pueden utilizar espejos, siempre y cuando no reflejen directamente la puerta de entrada.

• Si la puerta se abre directamente hacia una ventana, el chi se escapará al instante. Hay que impedirlo instalando cortinas.

093 Vistas desde el balcón

En los apartamentos se valoran muchísimo los balcones con buenas vistas. Es buena idea buscar apartamentos que tengan vistas panorámicas de ríos, ciudades o montañas lejanas. Estas áreas cuentan con una nutrida cantidad de chi yang. Las vistas a un horizonte muy amplio también son extremadamente positivas. La ventana siempre debe estar abierta para que el chi fluya hacia el interior.

Si, en cambio, la vista da al balcón de otro apartamento cercano, sugiere que los edificios están demasiado cerca y la energía chi se ahoga. Los diseños cuadriculados podrían estar enviándote flechas envenenadas secretas. En este caso, lo mejor es «cerrar» la vista.

094 Pilares decorativos en un apartamento

Dentro de un apartamento, un pilar desnudo puede ser una fuente de energía letal. Los pilares redondeados tienden a ser inofensivos, a menos que estén directamente delante de una puerta. Los pilares cuadrados son bastante peligrosos, ya que sus bordes angulosos crean un chi fatal.

• Los pilares redondos a ambos lados de la entrada al salón no son perjudiciales para la puerta de la casa.

• Un pilar cuadrado que dé a la puerta del apartamento es dañino para ésta. Pueden colocarse espejos a su alrededor, o una planta alargada delante para suavizar su abrupto impacto.

• En un ático, los bordes de los pilares cuadrados apuntan contra quienes se sientan en el salón o el comedor, pero si se han neutralizado con espejos son aceptables.

095 Múltiples niveles en un apartamento

Si un apartamento está dividido en varios niveles, los dormitorios deben estar en el superior y el comedor a una altura superior a la del salón y la cocina. La sala de estar y los espacios comunes pueden hallarse en los niveles inferiores, pero deben tener un tamaño superior al de los dormitorios. En general, no debe haber más de tres niveles distintos en un mismo piso.

096 Colocación de un estudio o un despacho

Cuando el estudio está cerca de la puerta de la casa, propicia la lectura, el estudio y el trabajo. Es una disposición perfecta para quien trabaja en casa o para quien tiene niños que estudian, que se verán especialmente beneficiados si la sala en cuestión corresponde a la esquina nordeste del hogar. En el interior del estudio, se pueden colocar las sillas y mesas en las direcciones más apropiadas para la actividad estudiantil de cada niño. Sin embargo, deben evitarse las estanterías descubiertas, que pueden convertirse en cuchillas que transmitan energía letal.

097 Ubicación del salón

Ésta es el área de ocio y socialización de la casa o el piso, y lo mejor es colocarla cerca de la entrada de la casa porque es un signo de que el hogar da la bienvenida cada día a sus moradores. El salón también es el mejor lugar para los símbolos favorables feng shui, por lo que cuanto mayor sea, mejor.

Si puedes permitírtelo, ten más de un salón. Que una sala de estar fluya con continuidad hacia la otra, de forma que se sugiera profundidad. Esto garantiza que el buen feng shui durará mucho tiempo. El salón también es un área en la que tiende a acumularse y asentarse el chi; cuando es un área grande y espaciosa, alienta a los habitantes de la casa a pasar más tiempo allí. Si estás familiarizado con la fórmula feng shui KUA de las Ocho Mansiones para calcular direcciones personalizadas, coloca el mobiliario de forma que cada miembro del hogar pueda sentarse hacia sus direcciones buenas.

098 Espejos en el salón

Cuando los espejos sirven para que las estancias parezcan más espaciosas, traen buen chi. Los espejos de pared en el salón poseen un excelente feng shui, siempre y cuando no reflejen directamente la entrada de la casa o lavabos, escaleras y otras fuentes de chi negativo. Los espejos nunca deben ponerse demasiado altos o bajos, porque provoca un desequilibrio de la energía chi de la casa. Los espejos tienen que hacer que el espacio parezca más grande.

099 Flujo del chi en un apartamento

La disposición de las habitaciones de un apartamento debe favorecer el flujo y la acumulación de chi, lo que sucede cuando el movimiento del tráfico es sinuoso y no transcurre en línea recta. En general, se desaconsejan los pasillos largos y estrechos. Tampoco debería haber demasiadas ventanas y puertas enfrentadas entre sí en línea recta. Los rincones estrechos y oscuros deben recibir una iluminación abundante y las dimensiones de la habitación tienen que estar equilibradas.

00 Ubicación de la cocina

En general, la cocina nunca debe estar al noroeste porque representa «fuego a las puertas del cielo». Tampoco debe estar al sudoeste porque ésta es la «entrada de la tierra» y en ella el fuego sería abrumador. Colocar la cocina en uno de estos dos sectores también tiende a herir al padre y a la madre, respectivamente, porque éstas son sus direcciones.

- Las cocinas cercanas a la entrada de la casa son negativas para los niños.
- El mejor lugar para la cocina es la mitad interior del apartamento, fuera de la vista de la entrada a la casa.
- El mejor lugar para los fogones y el horno es la esquina que se encuentre en diagonal con respecto a la entrada de la cocina.
- En toda cocina los estantes de obra deben cerrarse con puertas. Los estantes expuestos actúan como cuchillos afilados que tienden a herir a los ocupantes.
- Sobre la cocina no debe haber un lavabo en el piso superior.
- El fregadero no debe estar junto a los fogones ni frente a ellos.

101 El dragón-tortuga atrae el progreso profesional

Si quieres prosperar en la oficina, coloca la imagen de un dragón-tortuga a tus espaldas en tu puesto de trabajo. No hace falta que la imagen sea demasiado grande, aunque es mejor que sea lo más pesada posible. Una hecha de bronce sería ideal. El dragón-tortuga combina el chi celestial de dos poderosas criaturas, y mientras la tortuga trae protección y apoyo universales, el dragón protege contra las decisiones impulsivas y precipitadas. Si quieres, también puedes llevar la imagen del dragón-tortuga como un amuleto en forma de anillo. Póntelo en el dedo corazón de la mano derecha con la cabeza mirando hacia fuera para maximizar el efecto y atraer buenas oportunidades profesionales.

102 El gallo disipa las intrigas en la oficina

Si te sientes muy intimidado en el trabajo, podría deberse a que tienes algún compañero ambicioso o envidioso que trama intrigas contra ti. Un remedio feng shui muy eficaz contra este mal es colocar un gallo de aspecto majestuoso en la oficina, que devorará los chismorreos maliciosos y las malas intenciones dirigidas contra ti. La magnífica capacidad del Gallo para frenar los cotilleos y las maquinaciones deriva de su cresta roja y sus fuertes garras. Algunos creen que el Gallo es en realidad el fénix celestial y, por consiguiente, tiene la capacidad de transformarse en esta ave sobrenatural cuando es necesario. El Gallo posee una influencia especial durante los años que llevan su nombre.

103 ¿Apunta alguna flecha envenenada contra ti?

Es muy importante que no haya nada puntiagudo, afilado o triangular apuntándote a la espalda, como el borde de un estante o de un armario. Tal vez alguna pintura abstracta esté causando estragos en tu sistema de apoyo. Estas flechas envenenadas ocultas son dañinas y perniciosas. Si quieres disfrutar de un buen feng shui en tu puesto de trabajo, sé siempre consciente de todo lo que tienes alrededor. Cuando algún objeto tenga el efecto de una flecha envenenada oculta clavada en tu espalda, vivirás un infortunio tras otro.

Si descubres un mal de este tipo, el remedio consiste en taparlo de la vista o, mejor, eliminarlo totalmente.

104 Los colores vivos contrarrestan el agotamiento del espíritu yin

Si te encuentras constantemente falto de energías, extenuado o aletargado, es posible que sufras «agotamiento de espíritu yin»; en otras palabras, un exceso de yin. El remedio pasa por llevar algunos colores yang muy vivos como rojo, amarillo y blanco. Si no lo haces así, no compensarás el efecto del exceso de yin y podrías contraer una enfermedad grave o, incluso peor, verte totalmente superado en la oficina. El agotamiento del espíritu yin es una enfermedad feng shui fatal que consume todas tus energías. Para recuperarte, en tu lugar de trabajo coloca un poderoso Dragón Ru Yi a tu izquierda, que reforzará tus niveles de chi y logrará que te sientas mejor de inmediato.

105 Tres monedas para la prosperidad

Un consejo para los hombres y mujeres de negocios: tres monedas chinas de la prosperidad atadas con un cordel rojo o dorado a la caja registradora (también a los archivadores de facturas o incluso a los ordenadores) trazan los pasos que seguirá la suerte financiera, y también incrementan las ventas y los beneficios. También es muy buena idea tener tres monedas atadas con un cordel rojo en el interior de la cartera para tener garantizado unos ingresos estables y cuantiosos. Es una forma de estar seguro de que uno nunca va a quedarse sin efectivo.

106 Mantén cerrada la puerta del lavabo

Impón en la casa la costumbre de tener siempre cerradas todas las puertas que den a los baños. En los cuartos de aseo tienden a acumularse energías negativas que conviene mantener encerradas. No intentes reforzar los lavabos con símbolos positivos porque los resultados casi siempre son contrarios a lo esperado. Por ejemplo, en un baño los activadores de riqueza crean «dinero malo» que acaba suscitando problemas. En cuanto a los activadores del amor, crean «romances afligidos» que traen contratiempos y angustias.

107 Siéntate de cara a tu dirección sheng chi para tener buena suerte

Ésta es la dirección que te aportará mejor suerte y más riqueza material. La dirección sheng chi es el elemento que más necesitan cuidar quienes posean negocios o ambiciones profesionales. Normalmente se considera la mejor dirección para todo el mundo, en función de la poderosa fórmula de las Ocho Mansiones.

El número KUA de una persona se calcula a partir del sexo y la fecha de nacimiento. En total, existen 9 números KUA, cada uno de los cuales puede pertenecer al grupo este de direcciones o al grupo oeste. Ésta es la fórmula para calcularlo:

- Suma las dos últimas cifras de tu año de nacimiento; si el resultado tiene dos cifras, vuelve a sumarlas. Si naciste en enero, antes de aplicar la fórmula tienes que restar un año a tu fecha de nacimiento para ajustarla al calendario lunar.

- El número KUA de un hombre es el resultado de restar de 10 la cifra obtenida en el punto anterior. El número KUA de una mujer es el resultado de sumar 5 a la cifra obtenida en el punto anterior. En caso de que el número obtenido sea de dos cifras, el número KUA es la suma de ambas.

107

• Los hombres nacidos el año 2000 o más tarde tienen que restar de 9 y no de 10. Las mujeres nacidas el año 2000 o más tarde tienen que sumar 6 y no 5.

Para descubrir la dirección sheng chi personal, sólo hay que consultar la siguiente tabla de correspondencias:

- Si tu número KUA es 1, tu dirección sheng chi es sudeste.
- Si tu número KUA es 2, tu dirección sheng chi es nordeste.
- Si tu número KUA es 3, tu dirección sheng chi es sur.
- Si tu número KUA es 4, tu dirección sheng chi es norte.
- Si tu número KUA es 5, tu dirección sheng chi equivale a 2 si eres hombre y 8 si eres mujer.
- Si tu número KUA es 6, tu dirección sheng chi es oeste.
- Si tu número KUA es 7, tu dirección sheng chi es noroeste.
- Si tu número KUA es 8, tu dirección sheng chi es sudoeste.
- Si tu número KUA es 9, tu dirección sheng chi es este.

Siempre que tomes asiento, hazlo mirando hacia tu dirección sheng chi, sobre todo cuando mantengas una conversación importante por teléfono o cara a cara. Ésta es una de las prácticas más poderosas del feng shui. Lleva una brújula en el bolsillo para orientarte bien.

108 Uso de espejos como cura en la oficina

Si en el trabajo tienes la mala suerte de ocupar un despacho o una estancia de formas irregulares, trata de compensar este defecto con un espejo. Ésta es una de las mejores formas para subsanar este tipo de problemas. Usar espejos en la oficina trae suerte, ya que normalmente duplican la fortuna. Sin embargo, recuerda que también pueden doblar la mala suerte, por lo que lo primordial es qué vista reflejan y dónde están colocados. Asegúrate de que los espejos reflejen imágenes con buenos auspicios, y nunca lavabos, cubos de basura u otros elementos desafortunados. En segundo lugar, comprueba que no hay ninguna «estrella» de aflicción en la esquina de la sala en la que vas a colgar un espejo de pared. Estas estrellas están relacionadas con el feng shui de Estrella Voladora.

109 La amatista trae armonía a las relaciones

Las amatistas son cristales muy poderosos para disfrutar de una buena salud y unas relaciones sólidas. Las gemas de amatista dispuestas como hojas en árboles de joyas son espléndidas para mejorar la armonía en el hogar y en la oficina. Colocadas en el nordeste o el sudeste, liman los obstáculos que cierran el paso al éxito. Los nódulos de roca de amatista en estado bruto tienen una energía muy poderosa cuando se activan con un cordel rojo. Coloca uno bajo el lecho conyugal atado a la pata de la cama, cerca de los pies (o, mejor aún, a las patas de ambos lados) para garantizar la fidelidad entre los cónyuges; se trata de un ritual taoísta que impide que el marido caiga en las garras de una mujer devora hombres.

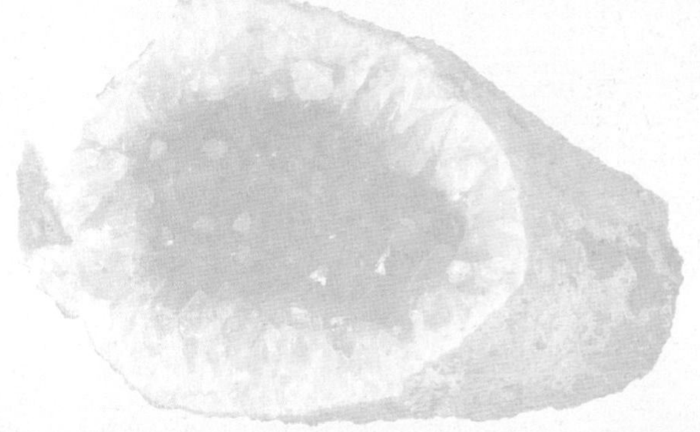

110 Potencia tu carrera profesional reforzando tu suerte con los mentores

Cuelga un retrato del máximo jefe de la empresa en la pared noroeste de la oficina o en tu casa para activar la suerte del patrocinio y para atraer hacia ti a amigos influyentes. El efecto será que con los mentores tendrás una suerte muy valiosa: tus esfuerzos serán reconocidos y gozarás del favor de quienes toman las decisiones en la empresa. Esta suerte llega en forma de mejores oportunidades para prosperar en el entorno laboral. Para quienes tengan su propio negocio, la activación del noroeste atrae una influencia muy poderosa en los pasillos del poder, lo que redunda en unas enormes ventajas comerciales.

111 Busca techos altos

Los techos altos siempre engendran una energía propicia al crecimiento. Contrarrestan el tipo de chi que aminora el progreso. Por supuesto, no hay necesidad de exagerar, pero si tienes la oportunidad, crea una sensación de espacio que te permita «crecer». Físicamente, tu espacio nunca debe dar la sensación de atrofia que tienden a producir los techos bajos.

112 Coloca las luces al frente, no al fondo

Una luz brillante que te enfoque desde atrás puede suscitar deslealtad y traición: infunde en tu espacio una energía desequilibrada y proyecta luz sobre los puntos que no debe. En especial, las lámparas de mesa nunca deben apuntar hacia atrás. Mantén siempre bien iluminada la parte frontal de la oficina o el despacho. Las luces de techo también deben dirigirse hacia el espacio anterior de la mesa; así se genera un efecto simbólico de recibidor luminoso en virtud del cual el chi puede asentarse y acumularse frente a ti. Y beneficiarse del chi sólo es posible cuando éste se deposita suavemente en un remanso frente a uno.

13 Las áreas de trabajo tienen que estar bien iluminadas

Mantén bien iluminada en todo momento la zona del vestíbulo y la mesa de trabajo. La luz es lo que atrae a la preciosa energía yang que consigue acumular buena fortuna. En las oficinas oscuras y mal iluminadas dominan las fuerzas oscuras yin, que provocan letargo, falta de creatividad y escasez de energía de trabajo. La productividad de los empleados se bloqueará y reinará una sensación de embotamiento. Por la misma razón, hay que cambiar de inmediato todas las bombillas que se fundan. Nunca dejes que en los lugares de trabajo domine la energía yin.

114 Formas de L y orientación en las mesas de trabajo

En una mesa de trabajo, la forma de L no constituye un problema tan grave como en una habitación, aunque también dista de ser ideal. La mesa debe estar orientada de forma que el trabajador se encuentre de cara a su dirección sheng chi o una de sus cuatro buenas direcciones según la fórmula KUA. Para alcanzar el éxito en el trabajo o los negocios, siempre es mejor capturar la dirección sheng chi; si no es posible, como mínimo hay que asegurarse de que uno no está orientado hacia una de sus direcciones desafortunadas. Quien tenga una mesa en forma de L debe comprobar que ambas direcciones sean favorables.

15 Peces arowana para tener suerte en los negocios

Los hombres de negocios chinos acostumbran a colocar un arowana dorado en la esquina norte o sudeste de la oficina, ya que creen que este pez dragón hace crecer la facturación y los beneficios. Para llevar este consejo a la práctica, tan sólo necesitas un pez. Los arowanas nunca sienten la falta de compañía y funcionan mejor en solitario. No alimentes tu arowana con cebo vivo porque se crearía un mal karma que podría contaminar tus beneficios. Acostumbra a tu arowana a aceptar comida en bolitas, y mantén siempre limpia y bien ventilada la pecera. Un pez feliz genera «agua feliz», que es lo que atrae a la buena fortuna.

116 Las carpas y los peces de colores traen abundancia

Otros peces con buen feng shui son las carpas y los pececillos de colores, especialmente los de tonos rojos llamativos. Pueden estar en estanques (con al menos 80 cm de profundidad) o en acuarios. Cuando se poseen peces por motivos de feng shui, tienen que colocarse en la sección correcta del comedor, el salón o el jardín. El agua también debe estar limpia y bien oxigenada para que los peces no enfermen. Nada trae más abundancia que unos peces felices. Cuando sufren letargo o enfermedades, siempre es por un agua de mala calidad, lo que afecta a la energía chi de la casa. Uno de los secretos taoístas mejor guardados es que del agua de mala calidad emana un chi desequilibrado hacia su entorno inmediato. Si sucede esto en tu casa, el acuario hará más mal que bien, así que el filtro siempre tiene que funcionar bien. Tener peces en el dormitorio, un lavabo o la cocina es un tabú muy grave en el feng shui.

117 Cuidado con las vigas del techo

Es muy importante que no haya vigas expuestas en el techo: tienden a forzar la suerte y el bienestar físico de quienes viven bajo ellas. Las estancias con pesadas vigas que recorren el techo de extremo a extremo tienden a ejercer un efecto deprimente sobre los habitantes del hogar. Esto constituye un problema de feng shui que puede cobrar una gran gravedad en los edificios de apartamentos, en los que el problema se amplifica a causa de los múltiples niveles que presionan hacia abajo, uno sobre el otro. Si del techo de tu casa sobresalen vigas, haz un esfuerzo especial por evitar sentarte o dormir directamente debajo de ellas. Otra solución pasa por colgar de las vigas un par de tallos huecos de bambú o «flautas», que contribuirán a disolver la penetrante energía letal que exudan.

118 Las pinturas abstractas pueden provocar problemas

Muchas pinturas abstractas contienen flechas envenenadas secretas que pueden crear daños de feng shui, especialmente en caso de que haya triángulos, cruces y trazos rectos enérgicos. Cuando las pinturas incorporan sugerencias de alguno de los cinco elementos (por ejemplo, si predomina un color o una forma determinada), es buena idea estudiar si resulta beneficioso o dañino que la pintura en cuestión esté colgada en aquel lugar concreto. Para ello, hay que estar familiarizado con los tres ciclos de relaciones entre los elementos, además de con las imágenes y los colores representativos de cada uno de ellos. Así, las formas circulares, que representan energía de metal, resultarían ideales en el oeste y el noroeste, o también en el norte, donde el metal produce el elemento de agua del sector. Sin embargo, las formas circulares pueden resultar perjudiciales en el este y el sudeste. Es necesario efectuar un análisis de este tipo antes de colgar una pintura abstracta, aunque sea una obra maestra.

19 Crea un «puerto» para atraer riqueza

Los barcos de vela hechos de oro y cargados de lingotes de oro, monedas o piedras preciosas están asociados a la llegada de una excelente suerte financiera. Colocar barcos en la oficina o en el hogar genera unos auspicios espléndidos, ya que es como crear un «puerto» muy próspero al que cada barco aporta una fuente de ingresos. En una empresa, este muelle amplía las vías de entrada de dinero y multiplican los ingresos. Hay que cuidar de que en ninguno de los barcos haya clavos ni cañones que envíen veneno secreto hacia la habitación. Las imágenes de barcos colgadas en las esquinas asociadas a la riqueza, como la sudeste o la oficina del jefe, atraen vientos y aguas cargadas de buena fortuna.

120 Pinturas en el trabajo

Si tu mesa de trabajo da a una pared vacía, genera tu efecto de «recibidor luminoso» colgando una pintura o una litografía de un espacio o un paisaje abierto. Otra idea fantástica es colgar una imagen de una cosecha. En Bali se producen algunas pinturas al óleo magníficas que reflejan los rituales de la cosecha del arroz. Algunas pinturas sugieren siempre que la buena fortuna personal está a punto de «madurar» y quedar lista para la recolecta. En cambio, deben evitarse las pinturas en las que aparezcan animales salvajes (como tigres con las fauces abiertas), escenas bélicas o mensajes sociales. Las pinturas tienen que sugerir e implicar éxito y abundancia. Una oficina no es lugar para imágenes sensuales, ya que éstas tienden a generar chi de distracción.

121 Evita los activadores de amor en la oficina

Los símbolos favorables al amor, como la peonia, son magníficos para una vivienda pero pueden generar problemas en una oficina. Cuando se propicia el amor y el romance en la oficina, se corre el riesgo de crear situaciones inadvertidas que puedan acabar en indiscreciones y escándalos. También constituyen una enorme fuente de distracción que no hace más que agotar la creatividad y la productividad. No tengas parejas de pájaros ni tengas cerca la imagen de la doble felicidad en la oficina. Es mejor tener este tipo de elementos en el hogar. En las áreas de trabajo, mantén activos los símbolos de éxito profesional.

122 Ten siempre a la vista la puerta de la oficina

No tomes asiento de espaldas a la puerta: puede facilitar traiciones. Si tu cargo te permite disfrutar de un despacho privado, tienes que poder ver siempre la puerta desde tu lugar de trabajo. Si no es posible, el uso de un espejo para «corregir» la situación no es más que, en el mejor de los casos, un remedio y no neutraliza totalmente el chi de traición que se genera. Lo peor es que la puerta de entrada al despacho esté directamente a tu espalda, porque sugiere chi mortífero.

Cuando la puerta está a tu espalda en diagonal, el chi te agotará. Una puerta situada a tu derecha indican que se introduce hostilidad en la oficina; es menos dañina si se halla a la izquierda. La mejor localización es delante y a la izquierda en diagonal. Esto sugiere oportunidades y fortuna. Si, además, esta puerta está orientada hacia tu dirección sheng chi, el efecto es aún más benefactor.

123 Tapa las malas vistas

Cuelga cortinas para tapar las vistas negativas, como las de vertederos de basuras o chimeneas de fábricas, que tienden a emitir un chi yin que te haría perder la concentración y la energía. Con todo, no son tan peligrosas como las vistas a flechas venenosas que transmiten chi letal, como el borde anguloso de un edificio vecino, azoteas con líneas triangulares o efectos arquitectónicos de aspecto hostil. Las construcciones con cristales que reflejen directamente tu edificio absorben, según el feng shui, toda tu esencia yang. En todos los ejemplos aquí citados, hay que tapar la vista con cortinas gruesas.

124 Los pasillos largos son como flechas

Evita sentarte al final de un pasillo largo: es como una gigantesca flecha venenosa que apunta hacia ti. Esta regla también se aplica en la oficina. Si la tuya se encuentra al final de un pasillo largo, te resultará difícil lograr éxitos porque tu puerta estará recibiendo energía perjudicial cada día. En el hogar, la habitación que se encuentre al final de un pasillo largo sufre el mismo problema. Hay que incorporar esta previsión desde el principio en la planificación de casas, apartamentos y oficinas. Si ya estás instalado al final de un corredor largo, el remedio pasa por desviar literalmente el rápido paso de la energía chi. Frénala colocando pinturas a lo largo de la pared. Si el pasillo no es demasiado estrecho, coloca fuentes y plantas para generar un efecto ondulante.

125 Sentarse en posición de confrontación causa discordia

Colocar los puestos de trabajo en posición de confrontación produce discordias y falta de armonía. Esto se debe a que si dos personas se sientan directamente enfrentadas, se estarán «desafiando». Es mejor organizar los puestos en forma de molinete y que cada persona disponga de su propio espacio privado, sin estar directamente de cara a nadie. Si no puedes cambiar de posición tu lugar de trabajo, coloca imágenes de gallos en la oficina para que eliminen la energía hostil. Si no despejas la energía hostil, el aire se llenará de tensión y acabará reinando un ambiente de frustración e infelicidad. Los lugares así pocas veces gozan de una energía feliz. La rotación de personal será elevada, y habrá mucho absentismo y enfermedades entre el personal.

126 Aplica feng shui a tus archivos importantes

Pega monedas chinas de la prosperidad, caligrafías de la buena suerte y adhesivos favorables a tus archivos y libros más importantes. Cuando se aplica un buen feng shui al libro de ventas, por ejemplo, éstas comienzan a incrementarse. Los libros de facturas también pueden activarse con buena suerte con símbolos positivos como el Dragón o la Tortuga, o el símbolo de abundancia de cinco murciélagos. Hay puntos para libro y sujeciones para teléfono móvil ornamentados con símbolos de jade tallado; es ideal complementarlos con las tres monedas atadas con nudos místicos rojos. En el feng shui es posible activar la buena fortuna aplicando tantos símbolos favorables como se desee a todo lo que uno utiliza en el trabajo, desde el teléfono hasta el ordenador, pasando por las maletas y los bolígrafos. Reviste tus símbolos de buena suerte con chi yang positivo transfiriendo tu concentración. Utiliza el poder de tu propia conciencia.

127 Los logotipos afortunados aportan éxito y prosperidad

Elige un logotipo con un significado simbólico positivo. A los chinos les encantan, entre otras, las imágenes de dragones, pájaros, barcos de vela, tortugas y peces. Pocas veces o nunca emplean diseños abstractos con bordes afilados que apunten hacia su nombre en una tarjeta de presentación. Por ejemplo, nunca emplean logotipos que parezcan apuntar hacia abajo, ya que sugiere un chi descendente. Fíjate en el logotipo de la corporación estadounidense Enron, que ha experimentado una quiebra estrepitosa: es una enorme E inclinada que se mantiene en un equilibrio precario sobre una esquina. Al contemplar el logotipo delante de la sede principal de la empresa, da la impresión de que está a punto de desplomarse. Su aparatoso fracaso no debería haber sorprendido a nadie.

Los colores de un logotipo corporativo no deben entrar en conflicto. Utiliza los ciclos de los cinco elementos para determinar este efecto. Por ejemplo, el rojo es positivo en combinación con el verde y el amarillo, pero no tanto con el azul y el negro. El color que mejor combina con el negro es el blanco, con el que forma el armonioso equilibrio entre yin y yang.

128 Seleccionar bien los colores

Memoriza el ciclo de producción de los cinco elementos y empléalo para mejorar tu suerte. Por ejemplo, recuerda que el fuego es rojo y produce tierra, que es amarilla, es decir que el rojo es favorable al amarillo en las esquinas de tierra.

El ciclo de producción de los cinco elementos es crucial en las técnicas de feng shui. Así, cuando desees activar alguna esquina de la casa, verifica su punto cardinal, determina qué elemento tiene asociado, consulta a qué elemento está vinculado en el ciclo de producción y aplícale el símbolo o color que lo genere. Por ejemplo, activar el sudeste produce riqueza; esta dirección corresponde al elemento madera. Para producir madera, hace falta agua. Cualquier objeto azul o negro, o una fuente de agua, servirá para activar esta esquina.

La tierra produce metal, que es dorado o blanco, y a su vez, produce agua, cuyos colores son el negro y el azul. El agua produce madera, que puede ser verde o marrón y produce fuego, que es rojo.

29 Refuerza tu seguridad con rojo

El rojo es el mejor color para vestir para reafirmar la confianza en uno mismo. Es fantástico para los vendedores. Este color es una fuente magnífica de energía para cerrar operaciones comerciales. Además del elemento fuego, también sugiere fuerza y solidez en una persona. Este color es especialmente efectivo durante la temporada de invierno, cuando su esencia yang proporciona un equilibrio perfecto con la oscuridad yin del invierno.

130 El azul y el negro generan calma

Viste en tonos azules, negros o colores apagados para calmar un exceso de temperamento. Son gamas cromáticas yin que protegen bien contra una desproporción de energía yang. Además, son colores que corresponden al elemento agua, por lo que pertenecen a la esquina norte de las habitaciones, los despachos y las casas. Puedes utilizar una brújula en cualquier espacio en el que pases muchas horas durante el día para averiguar dónde está el norte, y aplicar el elemento agua para que tenga una influencia tranquilizadora y, al mismo tiempo, refuerce tu suerte profesional.

31 El blanco infunde autoridad

Viste de blanco para gozar de más autoridad y seguridad en ti mismo. Es un método especialmente efectivo en combinación con un broche o un prendedor de oro o plata. De hecho, es el color perfecto para una mujer de negocios que quiera progresar mucho en su carrera profesional. El blanco también otorga fuerza a quienes deseen alcanzar puestos dirigentes, ya que no sólo es perfecto para simular chi yang sino que, además, sugiere energía de elemento metal, que tiene asociado el poder del trigrama Chien. Cuando acudas a una reunión importante o a una situación en la que necesites pisar fuerte profesionalmente, viste de blanco.

132 Estudia la regla feng shui

Es buena idea adquirir una regla feng shui, que revela todas las dimensiones favorables y desfavorables y permite aplicarlas en mil situaciones, desde la altura de una mesa hasta el diseño de una tarjeta de visita o las dimensiones del mobiliario. Estas reglas son fáciles de encontrar y, en general, ofrecen cuatro series de dimensiones favorables y otras cuatro desfavorables indicadas en centímetros y pulgadas. Las dimensiones feng shui parecen disfrutar de una efectividad óptima cuando se aplican a las puertas y a la altura de las mesas.

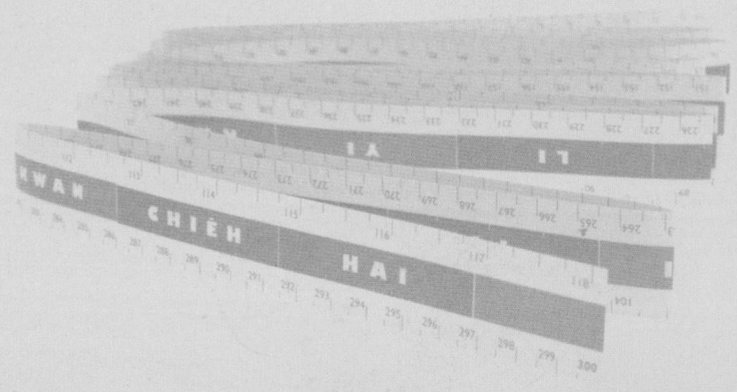

133 Los bonsáis no tienen cabida en el feng shui

Los árboles cuyo crecimiento se ha atrofiado artificialmente, como los bonsáis, son malos simbólicamente para la vida profesional y los negocios. Con todo, no debe confundirse un bonsái con un árbol o una planta podada de forma artística. Durante los últimos años, muchas empresas han perfeccionado el arte de la poda y han producido plantitas modeladas en unas figuras exquisitas que poseen un feng shui magnífico. Por su parte, los bonsáis son árboles cuyo crecimiento se detiene por medios artificiales y emiten chi contrario al natural del elemento madera; por tanto, se recomienda evitarlos, especialmente en las esquinas este y sudeste, que están asociadas a la madera. Si eres aficionado a coleccionar estos árboles en miniatura, no te deshagas de ellos, pero aléjalos de las esquinas de elemento madera.

134 Un exceso de plantas al norte agota la suerte profesional

Evita un exceso de plantas y objetos de madera en el sector norte de tu despacho o de tu mesa de trabajo. El elemento madera agota el agua y tiende a dañar la esquina norte, lo que influye de forma negativa en tu suerte profesional. El mismo razonamiento vale para las flores. Las mejores esquinas de una estancia o una mesa para un jarrón decorativo o un cesto de flores son las del este y el sudeste. En ellas mejoran la salud y la fortuna. Acuérdate de descartar las flores cuando se marchiten. El agua estancada y los ramos estropeados echan a perder la energía de las habitaciones.

35 Ten una imagen de arowana en la mesa de trabajo

Si no puedes tener un arowana de verdad, hazte con una figurilla de este pez y colócala en la mesa de trabajo. Recuerda que en el feng shui importan mucho los símbolos, y las imágenes de elaboración humana son a menudo tan útiles como las naturales. No es mala idea tener un banco de nueve arowanas expuesto artísticamente en la oficina, aunque con un solo pez debería bastar para crear suerte financiera. El arowana está considerado en general como el Dragón del feng shui. Los empresarios son muy aficionados a valerse de este pez para reforzar su suerte en los negocios.

136 Evita tener criaturas «hostiles» cerca

No tengas imágenes de animales salvajes y fieros a la vista desde tu mesa de trabajo, sobre todo si están de cara hacia ti. Te despojarán literalmente de energía, y tienen la boca abierta podrían llegar a «engullirte». Por este motivo, siempre desaconsejo vivamente las pinturas de tigres al acecho: se vuelven peligrosas, sobre todo para quienes hayan nacido en el año de un animal pequeño que no sea «amigo» astrológico del tigre. Con todo, los leones son aún más feroces. Los chinos siempre dejan fuera al «león» para convertirlo en un guardián protector. Aun así, los maestros taoístas se toman grandes molestias para advertir contra el uso indiscriminado de la imagen del león; según dicen, este animal es adecuado para grandes edificios como palacios, templos, museos y construcciones de varios pisos, pero su fuerza puede ser excesiva para casas residenciales.

137 Oriéntate hacia una buena dirección cuando negocies

Si tienes que participar en negociaciones de alto nivel con frecuencia, lleva siempre una brújula y recuerda cuáles son tus buenas direcciones para poder sentarte a negociar orientado hacia una de ellas. Al aprovechar tus direcciones personales buenas, estarás aplicando una de las fórmulas más poderosas del feng shui. Acostúmbrate a prestar atención a las orientaciones en la oficina y en tu lugar de trabajo. En el feng shui siempre se emplea la brújula para aplicar los principios de esta sabiduría china, por lo que conviene familiarizarse con esta herramienta tan importante.

138 Ten una brújula de bolsillo

Lleva siempre en el bolsillo una brújula para poder comprobar la orientación rápidamente. Así podrás practicar el feng shui espontáneamente, y sólo necesitarás saber cuáles son tus direcciones de la suerte. Recuerda orientarte hacia tu dirección sheng chi para disfrutar de éxito y a tu dirección del amor para vivir un romance. Llevar una brújula también permite hacer arreglos sobre la marcha; por ejemplo, cambiar los objetos de posición en la habitación de un hotel si es necesario. Nunca es aconsejable tratar de adivinar la dirección del norte, ya que la falta de precisión suele restar efectividad al feng shui.

139 Invoca al poder del dragón

Lleva un broche o un alfiler de corbata ornamentado con un dragón para que te dé fuerza, coraje y protección en el competitivo mundo de hoy día. En la cultura china, el dragón de cinco zarpas se considera como el símbolo con mejores auspicios posibles. El Dragón es el símbolo último de la buena fortuna, y tener uno en la casa junto a un estanque, un acuario u otra masa de agua invocará al gran poder de esta criatura celestial, como también lo hará llevarlo en un broche o un anillo. Se dice que el Dragón simboliza al emperador y al chi cósmico que amasa riqueza. Incluso si no crees en el feng shui, es muy buena idea tener en el despacho y en casa la imagen de un dragón. Pero no tengas un dragón en el dormitorio ni imágenes de dragón en las alfombras. Pisar a esta criatura tan favorable nunca es buen feng shui.

140 Aprovecha tu dirección del amor

Tu dirección del amor o dirección nien yen es hacia aquella en la que te conviene estar sentado durante una cita, o hacia la que tener apuntando la cabeza mientras duermes, ya que trae suerte amorosa y buenas relaciones. Esto se aplica a la familia, la pareja, los padres y los hijos. La dirección nien yen trae amor y ayuda a mantenerlo felizmente durante la vida.

La dirección personal nien yen depende del número KUA.

Para calcular cuál es tu dirección nien yen, consulta tu número KUA en la tabla siguiente:

140

- Si tu KUA es 1, tu dirección nien yen es el sur.
- Si tu KUA es 2, tu dirección nien yen es el noroeste.
- Si tu KUA es 3, tu dirección nien yen es el sudeste.
- Si tu KUA es 4, tu dirección nien yen es el este.
- Si tu KUA es 5, tu dirección nien yen corresponde al KUA 2, si eres hombre, y al KUA 8 si eres mujer.
- Si tu KUA es 6, tu dirección nien yen es el sudoeste.
- Si tu KUA es 7, tu dirección nien yen es el nordeste.
- Si tu KUA es 8, tu dirección nien yen es el oeste.
- Si tu KUA es 9, tu dirección nien yen es el norte.

Cuando sepas cuál es tu dirección nien yen, utilízala para gozar de felicidad y suerte en el amor.

141 El lugar perfecto para el ordenador

Las esquinas noroeste y oeste son las ideales para las máquinas y herramientas metálicas, como los ordenadores. Los objetos metálicos favorecen la suerte del patrocinio y atraen a tu vida a gente influyente. Este consejo se basa en las ocho aspiraciones correspondientes a los ocho costados de la fórmula Pa Kua, y en general es muy efectivo. Es buena idea revisar la situación cada año por si estos sectores se ven aquejados durante el año que empieza por alguna de las estrellas del infortunio. Si el oeste o el noroeste las sufren, tal vez tengas que trasladar los ordenadores y fax a otra esquina porque en la oficina estos aparatos activan la energía chi cada vez que se utilizan. Cuando ocupan un espacio «afligido», hacen que el problema se manifieste en la oficina en forma de enfermedades, obstáculos, discusiones y accidentes.

142 En el trabajo no tengas un espejo delante

No te sientes en tu mesa de trabajo con un espejo grande directamente delante: se disiparía toda tu suerte. Según muchos maestros taoístas del feng shui, los espejos tienden a «absorber» tu esencia espiritual cuando reflejan directamente tu cara o tu espalda, especialmente cuando estás concentrado en otros temas. Éstos son los momentos en los que tiendes a ser más vulnerable. Los espejos colgados en la pared a un lado u otro son menos perjudiciales, aunque es preferible no tener ninguno demasiado cerca; deberían estar al menos a dos metros de distancia. De hecho, no es buena idea tener un espejo en el despacho porque tenderá a atraer a «demonios». Si hay espejos en una oficina, es imprescindible que esté bien iluminada (es decir, rociada por una buena dosis de energía yang). También conviene que haya plantas cerca de ellos para que no prevalezca la energía yin.

143 La música genera chi yang

Cuando el ambiente de la oficina se vuelva demasiado silencioso, es buena idea dejar que los trabajadores disfruten de algo de música. La energía sonora es un medio eficaz para habilitar una buena energía y una forma fantástica para mantener un buen equilibrio tai chi entre yin y yang. Lo único importante es asegurarse de que el sonido no sea tan alto que bloquee la creatividad e impida la concentración.

144 Cuidado con el Cinco Amarillo

Toma nota todos los años del sector en el que se asienta el Cinco Amarillo y evita sentarte en él o perturbarlo. Por ejemplo, si este año el Cinco Amarillo se traslada al noroeste, esta problemática aflicción anual traerá infortunio, mala suerte, pérdidas, enfermedades y accidentes al sector noroeste de todas las estructuras, tanto de viviendas como de oficinas. Sus perniciosos efectos no sólo se percibirán al noroeste del edificio, sino también en el sector noroeste de las oficinas y de cada estancia.

145 Es vital vigilar las aflicciones anuales

Estar al día de las aflicciones anuales es una de las dimensiones más importantes de la práctica del feng shui. En lugares como Hong Kong y Taiwán, las grandes empresas tienen en nómina a expertos en feng shui para tomar las medidas necesarias en sus oficinas y en los despachos de los ejecutivos principales. El Cinco Amarillo no es la única aflicción con la que hay que tener cuidado. Cada año, la mala fortuna recaerá en diferentes sectores de la casa u oficina, y sólo entonces podrán aplicarse remedios como los que corresponden al cinco Amarillo: o bien un carillón colgante de seis varillas metálicas, o la pagoda de los cinco elementos elaborada en bronce o en cromo.

146 Localiza el punto de poder en el trabajo

El «punto de poder» de la oficina es siempre el espacio que se encuentra en diagonal con respecto a la entrada. Si estás en esta esquina, es probable que acabes convirtiéndote en la persona más importante del entorno de trabajo, la más productiva o la que disfrute de mayor respeto y autoridad. Quienes ostentan el poder en una oficina deberían instalarse en este punto, ya que así tendrán menos problemas para que les obedezcan y respeten. Los directivos y los supervisores deberían tomar nota de ello si no conocen las fórmulas más avanzadas del feng shui. La posición en diagonal y al fondo con respecto a la entrada aporta un feng shui de excelente potencia.

147 Símbolos de ascenso

El Chi Lin y el fénix son también símbolos fantásticos para el ascenso en la carrera profesional. Un solo Chi Lin (el caballo con cabeza de dragón) trae un éxito rápido, coraje y una confianza suprema en las propias posibilidades, atributos que desean para sí quienes posean ambiciones corporativas. Coloca a tus espaldas en tu puesto de trabajo un símbolo Chi Lin en forma de pintura o de figura de yeso, bronce, plástico transparente, cristal o cerámica. El fénix aporta grandes oportunidades a quienes están destinados al poder y al éxito rápidos. Los trabajadores de grandes corporaciones descubrirán las increíbles ventajas de que haya un fénix presente en su espacio de trabajo. Los anillos y pendientes de fénix son tan efectivos para atraer oportunidades que, a menos que puedas aprovecharlas bien, podrías acabar teniendo un feng shui excesivamente positivo. Recuerda que hay que amortizar las oportunidades y que ello requiere un trabajo duro.

148 La vaca del cumplimiento de deseos

Para disfrutar de armonía y prosperidad, exhibe en tu despacho la vaca del cumplimiento de deseos. En la India, la vaca está considerada como un animal sagrado. Para los chinos, la vaca está asociada a la energía materna de la tierra, que tiene el poder de lograr que los sueños de riqueza y prosperidad se hagan realidad. Las vacas también aportan sabiduría a los hogares en los que se halla presente su imagen. Lo mejor es que la vaca esté rodeada a los lados de monedas y lingotes de oro. Si puedes encontrar este tipo de imagen, colócala en dirección al nordeste o mirando hacia el nordeste.

149 La cartera de la enorme riqueza

Crea una cartera de la riqueza y guárdala en el cajón de tu lugar de trabajo. Ata tres monedas chinas y colócalas en un paquete (ang pow); se trata de un símbolo de que siempre dispondrás de dinero cuando lo necesites. Una cartera de la riqueza debería tener muchos compartimientos, en representación de muchas fuentes de ingresos, y éstos deberían estar llenos de billetes de banco de mucho valor, preferiblemente de diferentes países. Las carteras de la riqueza nunca tienen que estar hechas de plástico barato, sino de piel, seda u otro material costoso. Son extremadamente afortunadas cuando son de color rojo o amarillo. Las carteras negras también traen suerte, siempre y cuando haya un paquete rojo en su interior.

50 # El sonido de la campana atrae a clientes

Utiliza una campanilla hecha de siete metales para atraer actividad económica hacia tu empresa, o clientes a tu tienda o restaurante. Es una de las formas más efectivas para mejorar las ventas. En tiempos antiguos, se creía que la campana era el utensilio de uno de los hijos del Dragón y que siempre se utilizaba para atraer la fortuna. La magia radica en los tonos resonantes y profundos que emite la campana cuando se golpea ésta con un mazo de madera, algo que sólo es posible cuando la campana está elaborada a partir de los mismos siete metales que se emplean para fabricar el cuenco musical. Dichos siete metales representan a los siete planetas del universo, así como a los siete chakras o puntos de energía del cuerpo humano.

151 Purifica con regularidad el chi de la oficina

No dejes que el chi se vicie con energía negativa en la oficina. Este tipo de chi puede desencadenar enfermedades y discusiones. También provoca que desaparezcan cosas, surjan problemas inesperados y se atasquen los proyectos. Nada perjudica más rápido a una empresa que la energía viciada en una oficina en la que no entra aire fresco, cosa que sucede más a menudo de lo que le parece a la mayoría de la gente.

En los países fríos, en los que las oficinas están equipadas con calefacción, el aire que fluye por los edificios también se empobrece porque suele ser reciclado. Hay algunas oficinas en las que pasan años sin que entre aire fresco.

La mejor forma de purificar el chi viciado invisible consiste en utilizar un cuenco musical hecho de los siete metales que representan los siete planetas, entre los que se cuentan el oro y la plata (símbolos del Sol y la Luna). Hay que frotar rítmicamente el cuenco mientras se pasea por la oficina y los despachos, prestando atención a los rincones. Al principio, el cuenco emitirá sonidos planos pero, cuando el aire se haya limpiado, el sonido se volverá más claro y puro.

152 Un banco a tu espalda garantiza respaldo financiero

Cuelga una imagen de un banco bien establecido, o de tu entidad bancaria, que simbolizará un apoyo financiero ininterrumpido. Este consejo de feng shui es ideal para los hombres de negocios, especialmente de los sectores inmobiliario y comercial, que precisan un buen soporte económico. También es un buen consejo para las empresas que estén muy endeudadas con los bancos. Es importante que la imagen del banco no contenga un borde anguloso, sobre todo si eres el propietario o el gerente de la empresa, ya que tendrías una flecha envenenada clavada en la espalda. Si cometes este error, la imagen del banco no constituirá una ayuda sino un lastre.

153 Simula una montaña a tu espalda

Cuelga la imagen de una sierra montañosa escarpada detrás de tu mesa de trabajo; simbolizará que tus jefes apoyarán siempre con firmeza tu posición y tus ideas. En un edificio muy alto, si tienes una ventana a tu espalda puedes perder el trabajo o una promoción. Elige una imagen en la que no haya agua, aunque es aceptable que aparezca una cascada entre los montes. Este consejo es especialmente apropiado si estás ascendiendo en tu carrera profesional o si tu bienestar y fortuna dependen de tus superiores. Las montañas de tu espalda son un escudo muy poderoso contra las intrigas en la oficina.

154 Los techos inclinados son desfavorables

Evita instalarte en una habitación de techo inclinado: éste crea una sensación de desequilibrio que puede volver negativa la energía. Si no puedes hacer nada al respecto, intenta sentarte en el punto donde el techo sea más elevado. Si te aposentas debajo de un techo visualmente bajo, tu suerte se contraerá. Tu posición en la oficina se tambaleará y tus empleados te perderán el respeto. Se trata de una aflicción grave para quienes poseen cargos directivos o de supervisión.

155 Tres monedas en el monedero traen suerte

Guarda tres monedas chinas de la prosperidad atadas con cordel rojo en la billetera o el monedero. Es una buena forma de asegurarte de que nunca te faltará efectivo. No hace falta que sean antiguas, pero sí que sean monedas chinas con un orificio cuadrado en el centro: invocan la energía del cielo y la tierra, que se fusiona con tu propia energía humana para crear la unidad del tien ti ren. Se trata de una de las formas más rápidas para generar buena suerte.

156 | El símbolo del doble pez

Lleva el símbolo del doble pez para protegerte contra las pérdidas financieras. El doble pez es muy popular en lugares como Tailandia y Japón, donde se lleva como amuleto contra robos y atracos. Los padres creen que si sus hijos llevan un colgante de doble pez estarán protegidos de caer presa de malas personas. También es uno de los ocho símbolos positivos del budismo, por lo que es muy popular entre sus fieles.

157 Hazte un jarrón de la riqueza

Haz tu propio jarrón de la riqueza y guárdalo bien escondido. Primero encuentra un jarrón de base gruesa y cuello estrecho, y llénalo con tierra procedente de la casa de una persona rica y con dinero procedente del bolsillo de alguien rico. Así el jarrón se llenará de esencia de la riqueza. Para reforzar aún más el chi de riqueza, añade imágenes de los hombres y las mujeres más ricos del mundo y de las riquezas materiales que te gustaría poseer: mansiones, coches, joyas y demás.

Luego llena el jarrón con nueve monedas y con dinero de nueve países distintos. También deberías añadir bolsitas de plástico con alimentos secos como arroz, cebada, sorgo, mijo y otros similares. Después puedes introducir símbolos de buena fortuna, como el dios de la riqueza, diez globos de cristal o lapislázuli, tres monedas atadas con cordel rojo y siete tipos de piedras semipreciosas.

157

El jarrón de la riqueza debe cerrarse con cinco pedazos cuadrados de tela con los colores correspondientes a los cinco elementos (azul, verde, rojo, amarillo y blanco). Hay que atarlos fuerte con cinco cordeles, también de cinco colores. Luego hay que guardar el jarrón en un armario en lo más profundo del interior del hogar. El jarrón nunca debe estar orientado hacia el exterior para que la riqueza no pueda escapar del domicilio y nunca debe estar a la vista para no suscitar envidias.

158 Feng shui del sueño

Lo más importante es dormir con la cabeza apuntando hacia una de las direcciones que tu número KUA y la fórmula de las Ocho Mansiones indican como buenas. Con todo, también hay que respetar las demás directrices del feng shui para el dormitorio, como situar la cabecera de la cama contra una pared firme y sólida, y evitar que haya un lavabo al otro lado de la pared. No duermas nunca con los pies apuntando directamente a la puerta, ya que ésta es la dirección de la muerte. Tampoco tiene que sobresalir del techo ninguna viga por encima. El feng shui del sueño y del dormitorio tiene un efecto muy importante en la suerte y el bienestar personal, por lo que conviene prestarle especial atención. Nunca hay que colocar la cama «flotando» en el centro de la habitación, ni en ángulo con respecto a ningún rincón; aun en el caso de que esto te permita dormir en una buena dirección, se crea un feng shui negativo. Si no puedes aprovechar ninguna de tus cuatro direcciones favorables, comprueba si en la casa hay alguna otra estancia en la que puedas hacerlo.

159 Las plantas verdes y frondosas incrementan los ingresos

Coloca una planta verde y frondosa al sudeste del salón o del despacho. Cuanto más sana esté, mejor. Elige plantas de hojas gruesas y redondas, como la del jade. De hecho, cuanto más redondas sean las hojas y más llenas de agua estén, más favorable será la planta. Evita las de hojas espinosas, puntiagudas o alargadas; por muy bonitas que sean, sus formas generarán flechas envenenadas indeseables en el hogar o en una oficina. Fíjate en que la planta no esté frente al borde anguloso de una columna o de una esquina sobresaliente, ya que recibirá una flecha. Cuando las plantas situadas al sudeste se marchitan o mueren, tus finanzas se verán afectadas adversamente. Como las estás usando como fuente de energía, y no como remedio, es aconsejable utilizar plantas de verdad y no artificiales.

160 Tener un acuario

Una pecera con ocho pececillos rojos y uno negro colocada en el sudeste es un empujón para la suerte económica. Sin embargo, para que el agua genere un buen feng shui el acuario tiene que estar siempre limpio. También es muy buena idea comprobar que el lugar elegido para el acuario no sufra ninguna de las «aflicciones» anuales del feng shui. Cuida de que, al mirar fuera desde la puerta de casa, el acuario no esté situado a mano derecha, porque el hombre de la casa se volvería mujeriego, tomaría una amante o, peor todavía, una segunda esposa.

161 Un lavabo al otro lado de la pared es negativo

Que la cama esté contra una pared al otro lado de la cual haya un lavabo trae muy mala suerte. Hay que cambiar la cama de sitio, aunque esto implique dormir en una dirección desfavorable.

162 La rúbrica de la prosperidad

Firma todos los documentos importantes con la rúbrica de la prosperidad: escribe el nombre con firmes trazos ascendentes cuando comiences, y finaliza la firma con otro trazo vertical bien firme. Encuentra una forma apropiada para firmar y practícala hasta que la domines a la perfección. Termina siempre con un trazo ascendente optimista; hay quien dice que, cuanto más largo, mejor. No inclines el nombre a la izquierda porque sugiere una caída de espaldas. Por último, recuerda que una rúbrica próspera siempre es firme, fuerte e infundida de chi yang.

163 Remedio para una esquina ausente

Si falta algún sector en la casa, enfoca directamente una luz potente hacia la pared. El efecto será que la energía chi se extiende más allá y corrige la ausencia de la esquina. Una solución aún mejor es instalar un espejo en la pared, de forma que el espacio se amplíe visualmente. No obstante, es importante que el espejo no refleje nada perjudicial como un lavabo, una escalera o un pasillo largo.

164 Cocinar con buen chi

La electricidad debe entrar en todos los aparatos de la cocina desde una de las direcciones que te son favorables según la fórmula KUA. Especialmente, desde tu dirección sheng chi si quieres tener suerte con el dinero, o desde la dirección tien yi si deseas buena salud. Estas instrucciones eran mucho más fáciles de seguir en la antigüedad, cuando los hornos eran de carbón o de madera. Entonces era fácil determinar la «boca del horno» y, a continuación, la orientación. En los hornos y fogones de gas y electricidad de hoy día resulta más difícil determinar la «boca». He descubierto que la interpretación correcta pasa por comprobar que la energía utilizada para cocinar, hervir agua y calentar comida proceda de una de las direcciones personales favorables.

165 Invita a tu casa a uno de los dioses de la riqueza

Coloca una imagen de cualquier dios de la riqueza en una mesa que dé a la puerta de la casa. Hay todo un panteón para elegir, según tus preferencias personales y tus inclinaciones culturales. Los chinos sienten devoción por varias deidades asociadas a la riqueza; la más popular es, por supuesto, Tsai Shen Yeh montado sobre un tigre con un lingote en la mano. Otros tipos de Choy San son los poderosos dioses militares de la riqueza; Kuan Kung es uno de los preferidos entre los hombres de negocios, ya que está considerado como un potente dios guardián, y el Kuan Kung de nueve dragones te otorgará la victoria sobre tus rivales.

166 Los sapos de tres patas atraen a la prosperidad

Coloca un sapo de tres patas debajo de una mesa o detrás de un sillón de la sala de estar. Esta criaturilla es uno de los símbolos más estimados por los entusiastas del feng shui de todo el mundo, sobre todo porque atrae muchas vibraciones de prosperidad al hogar. Durante los últimos años ha habido cierta confusión acerca de si el sapo debe estar mirando hacia dentro o hacia fuera de la casa. El mejor lugar es la esquina que se encuentre en diagonal con respecto a la entrada de la casa, y el batracio tiene que mirar hacia la puerta. Si puedes, ten varias de estas criaturas escondidas en casa bajo el sofá o las sillas. No hace falta que estén en una posición elevada o encima de una mesita, y, sobre todo, no tienen que colocarse encima de un altar al mismo nivel que los dioses o los Budas.

167 «Duplica» la comida del comedor

Instala un espejo en la pared para duplicar simbólicamente la comida que se sirve. Ésta es una de las soluciones feng shui más fáciles de aplicar en cualquier casa, y resulta muy eficaz para cuidar de que el medio de sustento del hogar quede protegido y reforzado. Cuando se duplica la comida sobre la mesa, se genera el chi de la abundancia. Sin embargo, recuerda que este truco no debe aplicarse en la cocina para duplicar la comida que se esté preparando. En la cocina, un espejo duplica la energía de fuego, algo que puede resultar peligroso. En cualquier caso, en una cocina los espejos tienen potencial para provocar accidentes.

168 Ten una hucha en la esquina oeste o noroeste

Guarda la calderilla en un recipiente metálico y colócalo al oeste o el noroeste. La acumulación regular de monedas en estos sectores activa con fuerza la suerte asociada a estas direcciones. El noroeste suscita suerte en relación con el patrocinio y la ayuda procedente de otra gente, mientras que el oeste trae buenos descendientes y sucesores. También puede utilizarse un cerdito de cerámica para simular energía de tierra, ya que en el ciclo de los cinco elementos la tierra produce metal.

169 Un cuenco de arroz a la vista

Ten expuesto en el comedor un cuenco dorado de arroz, que tiene un significado especial para el cabeza de familia. Este consejo resulta especialmente beneficioso para quienes adoran su trabajo o su profesión. Cuando uno se realiza a través de su medio de vida, se dice que posee el «cuenco dorado de arroz», y nunca perderá el trabajo si tiene expuesto un auténtico cuenco dorado de arroz con palillos dorados. Si no te gusta el trabajo que tienes, colocando un cuenco dorado de arroz en un lugar prominente del comedor crearás las vibraciones necesarias para conseguir un trabajo que adorarás. Si hay dos personas que aportan ingresos al hogar, coloca dos cuencos.

170 Una planta del dinero sobre la mesa incrementa los ingresos

Para tener suerte y éxito financiero en el trabajo, coloca una plantita de jade o del dinero en el sector sudeste de tu mesa de trabajo. Una planta de verdad tendrá la virtud añadida de engendrar la energía de crecimiento que tan vital resulta para el triunfo profesional. Asegúrate de que la planta se mantiene sana y fuerte. Si empieza a parecer débil, es mejor cambiarla: las plantas enfermas tienen mal feng shui.

171 Nunca guardes comida en recipientes para basura

Usar recipientes de plástico para basura como medio para guardar arroz es algo con muy malos augurios, especialmente en los hogares en los que el arroz sea un alimento básico. Esto se aplica también a otros alimentos como el pan o la pasta. Si deseas hacer fortuna, es importantísimo que protejas la comida que te sustenta. El significado simbólico trasciende al chi espacial, o sea que tu feng shui y tu bienestar se verán afectados. Aunque comas muy poco arroz al día, cómprate un recipiente apropiado para guardarlo.

172 Elige un buen recipiente para tus alimentos básicos

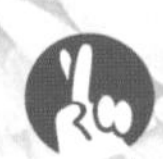

Guarda siempre el arroz y el pan en un recipiente dotado de buenos auspicios y símbolos de la suerte. Algunos emblemas favorables son los asociados a la longevidad y a la doble felicidad. No hace falta que los recipientes sean muy grandes, pero no deberían ser demasiado pequeños. Lo más importante es que tengan un aspecto sólido de valor.

173 Coloca un paquete rojo en el recipiente del arroz

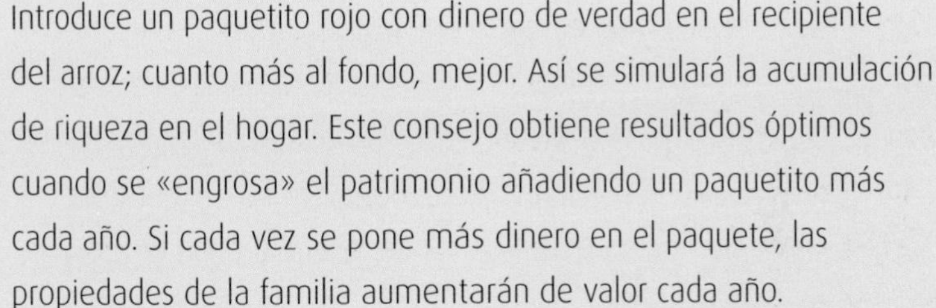

Introduce un paquetito rojo con dinero de verdad en el recipiente del arroz; cuanto más al fondo, mejor. Así se simulará la acumulación de riqueza en el hogar. Este consejo obtiene resultados óptimos cuando se «engrosa» el patrimonio añadiendo un paquetito más cada año. Si cada vez se pone más dinero en el paquete, las propiedades de la familia aumentarán de valor cada año.

174 Buen feng shui para el recipiente del arroz

Mantén tapado el recipiente donde guardas el arroz, y nunca dejes que se vacíe por debajo de la mitad de su capacidad. Pero antes asegúrate de que eliges bien el recipiente. Para que traiga buena suerte, el recipiente familiar debe estar hecho de cerámica u otro material relacionado con la tierra. Normalmente, los demás elementos no poseen auspicios tan favorables: evita los recipientes de metal, madera y plástico. Busca uno con símbolos de longevidad u otras imágenes decorativas a las que el feng shui atribuya un buen significado.

175 Aparatos electrónicos: al oeste o el noroeste

Es beneficioso colocar los dispositivos electrónicos, como televisores y ordenadores, en los sectores oeste y noroeste del salón y el despacho, o en la pared noroeste de una oficina. Al colocarlos así se carga de energía el chi de elemento metal de estos sectores, lo que beneficia al padre de la familia y a los niños. Una fotocopiadora o un fax tiene el efecto de activar la energía chi allá donde estén colocados; la regla general es situarlos en sectores de la oficina dotados de Estrellas Voladoras favorables, y nunca allí donde se halle la estrella número 3 de las disputas. Conviene familiarizarse con las cartas anuales de la Estrella Voladora para evitar que los trabajadores se marchen, que reinen las discusiones en la oficina y que las autoridades planteen obstáculos y dificultades.

176 Crea «agua feliz»

Cuando introduces agua en la casa para activar la suerte de la felicidad y la prosperidad, asegúrate de que el líquido permanece «feliz». Evita gritar y discutir cerca de los ornamentos de agua. Uno de los libros más vendidos en Japón, obra de un profesor nipón, describe cómo ver si el agua se encuentra feliz y en equilibrio: se congela el agua, se fotografía y, si es «buena», exhibirá formaciones de cristal hermosas y equilibradas; si el agua está triste y perturbada, producirá formaciones de cristal desequilibradas y turbias. Si en el agua viven peces, tiene que estar limpia para que sean felices. Así irradiarán energía de felicidad hacia el agua, que, a su vez, atraerá a la fortuna.

177 Buen feng shui para la mesa del comedor

Una mesa con buen feng shui en el comedor trae buena suerte en relación con la comida, lo que siempre redunda en una mayor prosperidad. Por eso, en China los ricos siempre compran mesas bien hechas y bien decoradas de forma circular o rectangular. Las mesas redondas traen suerte celestial, mientras que las rectangulares aportan crecimiento. Además, casi todas las mesas de comedor son de madera noble y llevan imágenes favorables (peces, murciélagos, signos de longevidad y demás) incrustadas en madreperla multicolor. Todo ello aporta buenos auspicios a la mesa, lo que desempeña un papel primordial para disfrutar de buen feng shui.

178 Cómo sentarse para comer

Nunca te sientes mirando directamente a una puerta cuando comes, ni tampoco de cara a una escalera o a un pasillo largo. La situación ideal sería sentarse en dirección a una de las buenas direcciones personales y, al mismo tiempo, respetar los principios básicos del feng shui: no mirar hacia ningún objeto ni elemento anguloso ni sobresaliente, ni colocarse justo debajo de una viga que sobresalga del techo.

179 Evita los ornamentos con agua en el dormitorio

En el dormitorio, un ornamento con agua provoca pérdidas de patrimonio y problemas de pareja que podrían llevar a una ruptura permanente entre los cónyuges. Esto incluye los acuarios y los pequeños ornamentos en los que intervenga el agua, pero no al agua destinada al consumo humano. Las pinturas de grandes cataratas pueden ser peligrosas: suscitan insomnio e inducen discordia entre los cónyuges aunque se amen.

180 Refleja buenas vistas hacia tu casa

Para acaparar suerte financiera, instala en tu casa un espejo que refleje una buena vista sobre agua. Esto ejerce el efecto de «capturar» riqueza para el hogar. De hecho, si puedes expandir literalmente la casa para que pase a albergar un estanque que se encontrase en el exterior, el resultado será que la familia ganará nuevas riquezas. Una regla importante: una vez que se ha construido una casa, nunca hay que excavar un estanque en su interior; pero si «abrazas» un estanque externo y haces que pase a formar parte del interior, habrás logrado capturar nuevas riquezas.

181 | Flujos de agua frente a la casa

Frente a una casa orientada en una dirección secundaria, el agua debe fluir de derecha a izquierda vista desde el interior del edificio. En cuanto a las casas orientadas hacia uno de los cuatro puntos cardinales, el agua debe fluir de izquierda a derecha. Si en el exterior hay algún desagüe o un conducto por el que fluye en la dirección incorrecta el agua, deberías hacer lo necesario para que ésta no se vea desde la puerta de tu casa.

182 Que nadie pise el nombre de tu empresa

No coloques el nombre de tu compañía en una alfombrilla, porque la gente pisaría tu nombre. Esto trae mala suerte a la empresa y, al cabo del tiempo, provoca que los beneficios languidezcan y lleguen las pérdidas.

183 Feng shui del felpudo

Pega tres monedas chinas de la prosperidad atadas con cordel rojo bajo la alfombrilla: sugerirán que estás caminando sobre «oro» cada vez que entres o salgas de la casa o de la oficina. Pero nunca utilices un felpudo que luzca el nombre o el logotipo de la empresa, porque tanto tú como otros estaríais pisándolo. Al entrar en muchos grandes establecimientos comerciales tengo que pisar su nombre cuando entro, y al cabo del tiempo no me sorprende en absoluto acabar leyendo que han caído en bancarrota. No dudes en aplicar feng shui al felpudo, pero que nunca aparezca en él tu nombre.

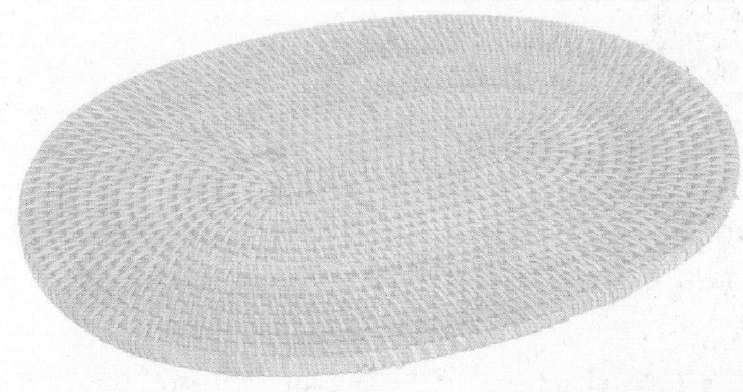

184 Nada de espejos en la cocina

Los espejos que reflejan los fogones generan accidentes y problemas para los niños pequeños. En la cocina, un espejo trae una suerte pésima, sobre todo si refleja el fuego; a veces llega a provocar que el cabeza de familia sufra un accidente gravísimo.

185 Ten bajo control las plantas trepadoras

Una planta trepadora que rodee la puerta o el portal de la vivienda indica que perderás la casa. Aún peor: si una trepadora parasitaria invade agresivamente la pared frontal de la casa, sus habitantes siempre estarán cansados y carentes de energías. En este sentido, tengo que prevenir a los lectores contra las especies grandes del género Ficus, que crecen tan rápido que, antes de que uno se dé cuenta, sus fortísimas raíces se apoderan de la casa si uno deja que se acerquen demasiado. Si ves que un árbol de esta especie crece junto a tu pared, lo mejor es eliminarlo o transplantarlo a una maceta.

186 Los popurrís de flores no tienen buen feng shui

De la misma forma que el feng shui no recomienda las plantas secas, su consideración a propósito de los popurrís de plantas aromáticas también es negativa. Tener macetas con hierbas u hojas secas aromatizadas es como poner un cubo de basura en la mesa, y resulta desfavorable. Con todo, son bastante aceptables en los lavabos.

187 Las flores secas crean un mal chi

Nunca uses flores secas, porque significan muerte y un exceso de energía yin. En realidad, las plantas secas están muertas y a punto de convertirse en polvo. Ponerlas sobre una mesa o mezclarlas con flores frescas trae mala suerte a toda la habitación; es mucho mejor usar plantas vivas que plantas secas.

188 Las plantas artificiales no son malas

Las plantas de materiales artificiales sirven igual de bien que las de verdad para desviar el efecto del borde anguloso de una pared o una esquina, o para tapar de la vista una perspectiva adversa. Sin embargo, no son tan efectivas para activar las esquinas de elemento madera, en las que hacen falta plantas de verdad para generar el chi de crecimiento necesario. Tanto si tus plantas están vivas como si son de tela, tienen que estar siempre limpias.

189 Una planta de jade trae abundancia

Una planta de jade en flor situada cerca de la entrada de la casa atrae prosperidad y abundancia, aunque se trata de una especie que no florece muy a menudo. Muchos creen que la propia planta ya cuenta con auspicios tan buenos que, cuando está en flor, hay que considerarlo como un premio. Las plantas de jade tienen hojas gruesas y sustanciosas que recuerdan a pedacitos de jade imperial.

190 Agua y árboles en las azoteas

En un jardín de azotea no debe haber ornamentos acuáticos ni árboles grandes. Quien viva en un ático debe tomar especial nota de esta advertencia sobre el agua. En el feng shui, el elemento del agua fluye hacia abajo, y se considera peligroso que brote de la cima de un monte porque, cuando el agua se desborda, las consecuencias son catastróficas. De hecho, según el I Ching el agua sobre la montaña es uno de los cuatro signos de peligro. En cuanto a los árboles, cuando crecen demasiado sus raíces te ahogan simbólicamente.

191 Un camino sinuoso hacia la entrada de la casa

Coloca nueve losas redondas a lo largo de un camino serpenteante que conduzca hacia la entrada de tu casa. Esta recomendación es una de las más populares en el feng shui taoísta, porque se cree que la imagen de las nueve monedas es un símbolo de riqueza muy poderoso. Este consejo va vinculado estrechamente al de llevar nueve monedas imperiales atadas con cordel rojo en la cartera para no quedarse nunca sin dinero.

192 La energía purificadora de la sal

Una forma de depurar la energía de la casa es fregar todo el suelo con agua salada, especialmente si la sal es de roca o marina: son sales naturales dotadas de un tremendo poder de limpieza. Disuelve medio kilo de sal en agua caliente y utilízala para limpiar todas las superficies de la casa. Este tipo de agua salada es especialmente buena para librarte de la energía negativa. También es una buena forma de purificar espiritualmente antigüedades como muebles de época, armarios e imágenes decorativas que hayas comprado para la casa recientemente.

193 Los árboles de lima que dan fruto traen «oro»

Una pareja de limeros a ambos lados de la puerta de tu casa invita a entrar a la buena suerte, ya que el fruto de estos árboles no sólo significa abundancia y prosperidad, sino que su sabor ácido también puede absorber y neutralizar cualquier influencia maléfica o desafortunada que pueda haber estado afectando a la casa sin que lo sepas. Las limas funcionan como un poco de sal: absorben la mala energía, purifican la casa y atraen la abundancia.

194 Ritual de purificación con lima

Cuando te sientas desalentado o deprimido, o cuando sospeches que alguien te está enviando malas vibraciones, una forma segura de librarte de la energía negativa invisible consiste en conseguir dos limas y sostener una con cada mano. Agarra bien los dos frutos y gíralos entre los dedos manteniéndolos rígidos, mientras imaginas que absorben las malas vibraciones dirigidas contra ti. Toda la energía negativa fluirá hacia ellos. Al cabo de unos cinco minutos, busca un curso de agua (un río o un canalillo); tira dentro las limas por encima del hombro y vete sin mirar atrás. Así te librarás de toda la mala suerte.

195 Toma un baño de sales

Si hace poco que has visitado a alguien en un hospital, si has asistido a un funeral o has tenido que entrar en un edificio en el que prevaleciera la energía yin (como una cárcel, una comisaría de policía o un tribunal), es aconsejable que te des un baño de sales cuando vuelvas a casa. Utiliza sales de roca o marinas para que la energía negativa se desprenda de ti antes de que pueda adherirse a la casa. Ésta es una de las formas más básicas para salvaguardar la energía chi de la casa.

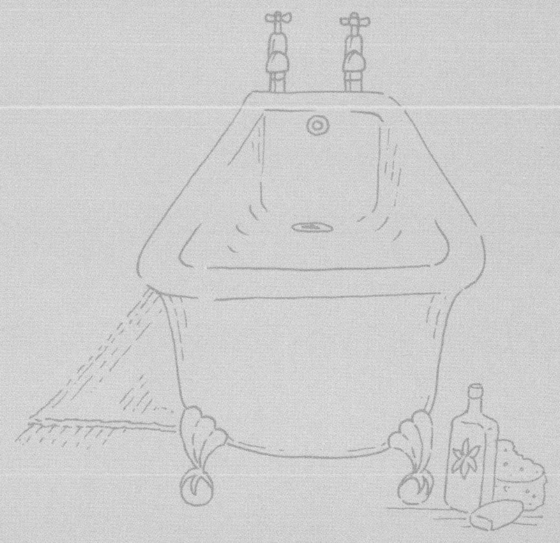

196 La casa puede ser elegante

Por el hecho de incorporar feng shui en la decoración de la casa no hay que sacrificar la elegancia. Puedes adoptar un enfoque práctico en la aplicación del feng shui y dejarte guiar por tu sentido común, tu estilo y tus preferencias para seleccionar los símbolos y los remedios que utilizas. No hace falta utilizar imágenes chinas si no te gustan. Lo importante es comprender la esencia del feng shui y el significado simbólico de los objetos, los colores y los elementos.

197 Posición del garaje

No es bueno que el garaje para el coche se encuentre frente a la entrada de casa porque obstruye el flujo de entrada del chi. Si frente a la puerta de la vivienda hay una zona especial cubierta hasta la que pueden llegar los coches para entrar y salir, asegúrate de que no dejas el automóvil allí. Si lo haces, bloqueará tu suerte y, como los coches están hechos de metal, la energía es desfavorable. Es decir, se tratará de una situación negativa.

198 Un estanque redondo en el norte da suerte profesional

Un estanque redondo situado en el sector septentrional del jardín aportará una excelente suerte a tu carrera profesional, ya que la forma circular indica energía de metal, el elemento que produce agua. Como, a su vez, el agua es el elemento del norte, y dado que el sector del norte simboliza la suerte profesional, un estanque redondo refuerza las aspiraciones en este campo. Lo más importante es que el agua esté muy limpia en todo momento.

199 Las flores frescas traen un buen feng shui

Situadas en la parte sur, sudeste o este de la mesa de trabajo o de la habitación, las flores frescas simbolizan una energía de crecimiento recia. Las flores frescas siempre aportan un buen feng shui porque irradian una valiosa energía yang hacia tu espacio. Eso sí: deshazte de ellas en cuanto veas la primera señal de que se marchitan. Lo peor que puedes hacer es tener un jarrón con flores que se descomponen en un agua turbia y maloliente. De hecho, es importante cambiar el agua cada día para mantenerla limpia y fresca.

200 Carpa con una mota roja

Si tienes niños en edad escolar o universitaria, en tu estanque no debe haber ningún pez koi que tenga una mota roja en la frente: está considerada la marca del fracaso. Según una leyenda, todas las carpas que consiguen saltar sobre el portal del Dragón se convierten en Dragones, mientras que las que no lo logran tienen una mota roja estampada en la frente. El portal del Dragón simboliza los exámenes imperiales, y los Dragones simbolizan a quienes los aprueban y se convierten en funcionarios importantes de la corte del emperador.

201 Insufla suerte a la caja registradora

Para mejorar la facturación, coloca un espejo grande que refleje la caja registradora para «duplicar» simbólicamente el dinero que se ingresa cada día. Los símbolos favorables a la riqueza, como monedas y lingotes, colocados cerca de la caja registradora contribuyen a que fluya más dinero hacia ella.

202 Unifica tu feng shui

A mucha gente le produce confusión la abundancia de fórmulas de feng shui, y con razón, ya que a veces los distintos métodos parecen entrar en contradicción. La clave consiste en unificar la estética del hogar de forma que se integren de forma natural todos los principios fundamentales del feng shui. Esto pasa por identificar los sectores positivos de la casa en función de distintos métodos, y luego elegir los que correspondan a las direcciones que te den suerte según la fórmula KUA de las Ocho Mansiones. Así lograrás unificar lo que es bueno para ti con lo que lo sea para la casa y para los demás.

203 Ten presentes los cinco elementos

Es muy importante tener en cuenta los cinco elementos y sus tres ciclos de integración cuando se aplica un principio de feng shui, ya que éstos son los factores con los que podrás determinar la compatibilidad de la forma en que has organizado y decorado el espacio. Cuando reúnes a los cinco elementos, puedes armonizar las formas, las luces y los materiales para generar un ambiente con buen feng shui.

204 Usa el ciclo productivo para armonizar

Usa el ciclo de producción entre los elementos cuando diseñes el feng shui de una habitación. Por ejemplo, una estancia situada en la esquina norte del hogar corresponde al elemento del agua, y si quieres otorgarle buenos auspicios tendrás que decorarla con tonos azules que le sean favorables. El blanco es aún mejor, ya que corresponde al metal, que produce agua. La forma del metal es redonda, por lo que en esta habitación los objetos redondos tendrán buen feng shui. Otro ejemplo: si la habitación se encuentra en el sudeste de la casa, el elemento de su chi es la madera. Un color predominantemente verde funcionará bien, pero el azul será aún mejor porque es el color del agua, el elemento que produce madera.

205 Mantén un buen equilibrio entre yin y yang

El feng shui ofrece directrices de todo tipo, pero siempre es buena idea comprobar que en todo momento se mantiene un buen equilibrio entre yin y yang. Esto implica que las habitaciones no sean ni demasiado ruidosas ni demasiado silenciosas. No debe haber zonas de la casa demasiado oscuras durante el día, ni partes que estén totalmente desocupadas ya que desequilibraría la energía y entorpecería el buen flujo del chi, que se quedaría estancado y se viciaría.

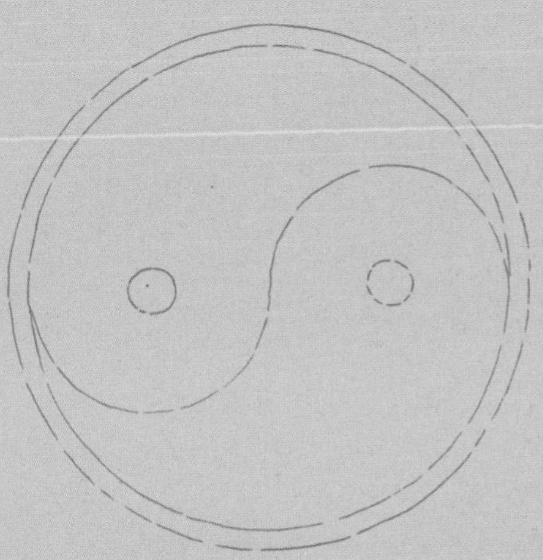

206 Tira las copas, vasos y tazas deterioradas

No hay nada peor que beber café de una taza agrietada o comer de un plato que esté casi roto. Las matriarcas chinas son muy estrictas en este sentido, así que no permitas nunca que se utilicen piezas de vajilla deterioradas. Tíralas en cuanto aparezca una muesca o una grieta, por fina que sea. Si en casa de alguien te sirven una bebida en un recipiente defectuoso, te aconsejo que declines educadamente beber de él porque te daría mala suerte.

207 Muebles antiguos con malas vibraciones

Ten mucho cuidado con usar muebles antiguos en el hogar, especialmente en el dormitorio. Si duermes en una cama de época y tienes un armario antiguo, límpialos siempre antes con sal marina o de roca. Así eliminarás las malas vibraciones que puedan almacenar. Normalmente, cuanto más fuerte es la madera, más densa será, y puede haber acumulado energía vieja durante centenares de años. Si se trata de energía buena, no hay problema; pero si es mala, te afectará con total seguridad. Por eso hay que limpiar y purificar los muebles de época. Si aún no lo has hecho, nunca es tarde para empezar: no olvides limpiar también el interior. También es buena idea guardar un saquito de sal dentro de un armario viejo.

208 Ten muchísimo cuidado con los rincones angostos

La energía negativa tiende a acumularse en los rincones, por lo que hay que prestar mucha atención a estas partes de la casa. Ten especial cuidado con la esquina diagonalmente opuesta a la entrada de la casa; es uno de los puntos más importantes de la casa, ya que allí es donde tiende a asentarse y acumularse el buen chi. En otras palabras, utiliza esta esquina y aprovecha los buenos auspicios de su energía chi: no la encarceles colocando allí un mueble grande. De hecho, deja que la energía fluya por los espacios estrechos al menos una vez al mes, o con la frecuencia que puedas; abre todas las puertas y ventanas para que la energía fluya por los pasillos, los trasteros y demás.

209 No abuses de la decoración

No hay ninguna necesidad de decorar excesivamente los rincones. Es tentador poner en práctica todos los consejos favorables para uno u otro rincón, pero es conveniente refrenarse. Siempre es mejor mantener una regla muy estricta de no aplicar más de tres elementos para activar la energía en cada rincón. Si durante el transcurso del año te cansas de alguno de tus objetos decorativos, puedes cambiarlo por otro que también posea buenos auspicios. No hay necesidad de exagerar, aunque, dicho esto, debo confesar que soy una persona que siempre tiende a ir hasta el límite; hasta ahora nunca me ha perjudicado, pero supongo que se debe a que trabajo en un espacio bastante grande. La clave es el equilibrio.

210 Limpieza y orden para combatir la tristeza

Una de las formas más rápidas de aplicar el feng shui consiste en ordenar y limpiar la casa. A lo largo del tiempo, los objetos de todas las casas absorben el chi viciado que se queda pegado a los muebles y los armarios que no se usan ni se cambian de sitio; por este motivo, los habitantes de la casa van cayendo en una espiral de depresión. Esto se debe en parte a que la energía que les rodea se vuelve muy pesada y los abate. Para combatir el desánimo, lo único que hay que hacer es empezar a mover las cosas. Despierta al chi cambiando de sitio los muebles, los objetos y, de paso, tirando todo aquello que te habías olvidado y se ha ido acumulando. Mientras lo haces, la energía se vuelve más ligera y el chi se libera. Resulta una excelente forma de combatir la tristeza.

211 El feng shui de las escaleras es importante

Muchas veces no se presta atención a las escaleras de las casas, pese a que son conductores de energía chi. La energía fluye desde la planta baja hasta el primer piso a través de la escalera, por lo que en ésta nunca debe haber libros, cajas, periódicos ni nada que entorpezca el paso. Comprueba que el chi puede ascender y descender de forma fluida. Si quieres, puedes colgar pinturas en las paredes de la escalera para ralentizar el flujo de energía, algo que siempre conviene hacer.

212 ¿Qué hay debajo de la escalera?

Es importantísimo no poner nada que signifique mucho para ti bajo la escalera, donde todo el mundo lo pisará varias veces al día. Por ejemplo, no guardes allí tus archivos y tus documentos, ni el material escolar de los niños, sus mochilas o, peor aún, la mesa de estudio. El resultado sería un feng shui pésimo. Si sitúas la imagen del Fuk Luk Sau o la del Kuan Kung bajo las escaleras, les faltarás el respeto de tal forma que, en lugar de traerte buena suerte, su efecto se volverá contra ti. Por eso aconsejo mantener totalmente vacía el espacio de debajo de las escaleras.

213 El agua bajo las escaleras perjudica a los niños

Por muy bonito que pueda ser colocar un estanque bajo las escaleras, provoca una extrema desgracia para los niños de la casa. Cuanto más profunda sea el agua, más grave será el infortunio. En lugar de llenar de agua el hueco de las escaleras, es buena idea mantenerlo bien iluminado. Si quieres, puedes utilizarlo para guardar cosas, siempre y cuando no sean objetos importantes ni memorables como fotografías importantes o una caja fuerte. Más bien aprovéchalo para guardar escobas, bayetas y utensilios de poca importancia.

214 | Revitaliza la casa en ocho pasos

¿Necesita tu casa una inyección de energía nueva? Puedes dársela con una gran operación de limpieza y orden, y de paso sincronizar con el nuevo período 8. Aquí tienes un plan para revitalizar tu hogar en ocho pasos.

1. Haz una lista de cosas que hay que hacer en un plazo concreto.

2. Organízate y determina qué quieres hacer con cada habitación.

3. Ponte en marcha; empieza por la sala más fácil de ordenar.

4. Elige una estancia como «sala provisional» para los trastos mientras decides qué tiras, qué hay que reparar y qué vendes.

5. Compra bolsas de basura para todo lo que descartes.

6. Revitaliza la casa con una mano de pintura.

7. Compra lámparas nuevas y, quizá, alguna puerta o ventana.

8. Por último, deja que entre una brisa fresca en la casa dejando abiertas varias puertas o ventanas.

215 Despeja el acceso a la puerta de la casa

Si quieres disfrutar de un buen feng shui y quieres que tu vida progrese, tienes que esforzarte para que la entrada a la casa esté libre de obstáculos físicos: muebles, cajas, etcétera. Sólo así podrá entrar el chi positivo y fluir libremente por toda la casa. La puerta es por donde entráis y salís tú, tú espíritu y el espíritu de tu casa. Nunca debe obstaculizarse este flujo de chi. Si sucede, tu vida también se bloqueará y tus proyectos se quedarán atascados por culpa de impedimentos de todo tipo. Las relaciones podrían comenzar a hundirse y tu ascenso en el trabajo podría quedar totalmente paralizado. Despeja todas las vías de paso hacia la puerta, tanto por el interior como por el exterior.

216 Trata el dormitorio como un lugar sagrado

El dormitorio te traerá buena salud y buen feng shui si lo tratas como un lugar de descanso. No debe haber trastos por el medio, así que acostúmbrate a tirar los periódicos, revistas, latas y cosas viejas en general. Los envases vacíos de cremas y productos cosméticos tampoco deben quedarse en el dormitorio. Esta habitación es en la que uno es más vulnerable; cuando dormimos, nos encontramos en otro ámbito de la existencia. Por eso el dormitorio debe ser un lugar sagrado y especial. Cueste lo que cueste, no dejes entrar energías negativas en el dormitorio.

217 Limpia el armario

Los armarios deben estar limpios y al día para que, cuando acudas a ellos cada mañana, sean una fuente de chi de la felicidad. Practica la regla del 80/20, es decir, tira el veinte por ciento de tu ropa cada año: dónala a beneficencia y abre espacio para ropa nueva en tu vida. Éste es el secreto para comenzar de nuevo cada año. A menos que te deshagas de la ropa vieja, en tu vida no entrará ropa nueva, y con ella nuevas experiencias. Además, compartir parte de tus posesiones con personas menos afortunadas que tú es una práctica excelente.

218 Concilia siempre el sueño con una sonrisa

No te acuestes nunca sintiéndote infeliz o deprimido. Haz un esfuerzo por sonreír justo antes de dormirte. Se trata de un secreto muy poderoso que una vez me reveló un maestro de yoga: cuando nos vamos a dormir felices, tenemos sueños felices y dormimos mejor. Practico este truquito desde hace años, con unos resultados increíbles; recuerda, pues, que lo mejor que puedes hacer por alguien a quien ames es no dejar que se duerma si está deprimido, abatido o enfadado. Hay que resolver antes de que se duerma cualquier cosa que le preocupe. Y si estás cuidando de una persona muy enferma a la que le quede poco tiempo, esfuérzate por hacerla feliz. Los budistas creen que si alguien es infeliz al morir, arrastra un karma que le dificultará el nacimiento en su próxima reencarnación.

219 Tabúes para el dormitorio

He aquí una lista de cosas que no se deben hacer o tener en el dormitorio:

- No guardes equipamiento deportivo en el dormitorio. Tu lugar de descanso no es un gimnasio. Todavía es peor si tienes un espejo de pared.
- No guardes nada en estantes altos directamente sobre la cama: crean peso sobre el cuerpo durmiente, lo que implica una carga.
- Guarda todos los trastos relacionados con el trabajo, como ordenadores y documentos, fuera del dormitorio. No harían más que transmitirte estrés.
- No guardes trastos debajo de la cama ni por encima de ella.
- Mantén libre de obstáculos el espacio inmediato a la puerta.
- No tengas adornos cuestionables en el dormitorio. Evita las imágenes de agua, de animales salvajes o las pinturas de cualquier cosa que parezca remotamente hostil.

220 Eliminar el chi negativo de los vecinos

El chi hostil procedente de los vecinos puede ser relativamente inofensivo, como sucede en el caso de los chismorreos y las pequeñas envidias, y puede hacerse caso omiso. En otros casos la energía que emite la puerta de al lado puede resultar tan molesta que uno acabe subiéndose por las paredes, como, por ejemplo, cuando hay un constante alboroto de niños chillando y peleándose. Neutralizar este tipo de energía es fácil. Sólo hay que llenar de agua una urna grande de boca amplia y base estrecha, y colocarla entre tu casa y la del vecino.

Cuando la energía que te transmiten está llena de amargura u odio, se requieren medidas más contundentes para contrarrestarla. Puedes protegerte de múltiples formas; los chinos creen que la mejor consiste en utilizar un espejo redondo rodeada de trigramas dispuestos en forma de símbolo yin pa kua. Este potente instrumento rechazará multiplicada por mil la energía que envíen hacia ti. Pero, a menos que la amenaza sea grave de verdad, no recurras a este remedio tan drástico. Opta más bien por un espejito de bronce que refleje directamente la casa del vecino. Colgar algunas campanillas de la felicidad entre ambas casas dinamizará el chi de la amistad.

221 Sobre la estética minimalista

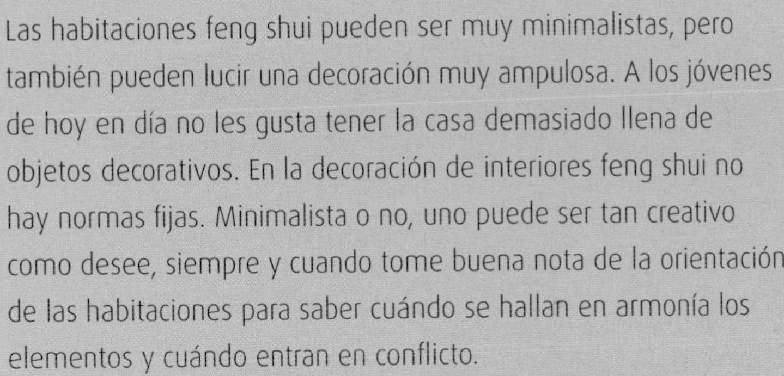

Las habitaciones feng shui pueden ser muy minimalistas, pero también pueden lucir una decoración muy ampulosa. A los jóvenes de hoy en día no les gusta tener la casa demasiado llena de objetos decorativos. En la decoración de interiores feng shui no hay normas fijas. Minimalista o no, uno puede ser tan creativo como desee, siempre y cuando tome buena nota de la orientación de las habitaciones para saber cuándo se hallan en armonía los elementos y cuándo entran en conflicto.

Nunca permitas que algún objeto asociado a un elemento destructivo «anule» lo que hay en la esquina en la que está colocado. No pongas plantas al nordeste ni al sudoeste; deja que en estas direcciones domine la energía de la tierra. No coloques agua al sur; allí debe dominar la energía del fuego. Y en el oeste y el noroeste, los sectores del metal, un exceso de luces sería perjudicial. Al este y al sudeste, donde la energía predominante es la de la madera, ten cuidado con el metal. Por último, el norte es el lugar de la energía del agua, y en él no debe haber demasiadas rocas ni piedras porque la tierra destruye al agua. Déjate llevar por tu estilo de decoración, pero con el feng shui como guía.

222 Que no haya trastos en el bolso

Los bolsos de mujer pueden llegar a acumular las colecciones más increíbles de objetos de todo tipo: facturas, papeles, recibos de tarjeta de crédito, tarjetas de visita, pintalabios, blocs de notas, lápices, llaves, bolígrafos, cartas, fotografías y un largo etcétera. Es buena idea hacer limpieza al menos una vez al mes. De esta forma, la energía chi asociada a las finanzas y el bienestar nunca llegará a viciarse.

223 Una cartera roja activa la entrada y salida de dinero

Para dinamizar la suerte del flujo constante de dinero y no quedarse nunca sin fondos, hay que usar una billetera de color rojo vivo. Las mejores son las de piel laminada o charol de tono rojo reluciente. En el interior ten siempre tres monedas atadas con cordel rojo para acumular energía yang. Si consigues calderilla de una persona rica para «tomar prestada» parte de su energía chi financiera, aún mejor. Eso sí: la cartera nunca debe viciarse con «dinero malo» procedente de robos u obtenido por medios deshonrosos.

224 Que tu espacio esté reluciente

Cuando tus espacios están tan limpios que desprenden un aroma fresco, y las mesas y los suelos están impolutos y brillantes, en la casa reina una energía pura que levanta el ánimo. El principio de que un espacio límpido mejora el feng shui de todas las casas se aplica tanto a la suciedad física como a la intangible. Un hogar pulcro es un hogar feliz. Parece evidente, pero hay que recalcar que, a menos que se efectúe un esfuerzo consciente por mantener el orden y la higiene, la suciedad se acumula a una velocidad sorprendente. Donde más obvia resulta la contaminación de la energía es en los lavabos y los retretes, por lo que hay que esforzarse especialmente para que no emitan vibraciones negativas que se contagien al resto de la casa.

225 Piensa visualmente

Resulta útil planificar el feng shui sobre el papel: la situación de las puertas, la colocación de los muebles, el movimiento de las personas entre los distintos espacios, etcétera. Trabajar a partir de un plano es una de las mejores formas de proyectar cómo se desea poner en práctica las medidas de feng shui elegidas, pero también hay que pensar visualmente. Por ejemplo, en un plano un espejo de pared no es más que una línea, cuando en realidad siempre hay que preguntarse qué se reflejará en él. Lo mismo sucede con los escalones y las plantas divididas en varios niveles: se trata de características tridimensionales que exigen un pensamiento visual. Si puedes desarrollar la capacidad para hacerlo, descubrirás que tu práctica del feng shui mejora de forma significativa.

226 Deshazte de los clichés decorativos

En el campo de la decoración existen diversos clichés y combinaciones de colores que, sencillamente, van en contra de los principios del feng shui y que se deben eliminar. Algunos ejemplos son los pasillos largos, las puertas enfrentadas directamente entre sí, tres puertas dispuestas en línea recta, una intersección de tres caminos y las disposiciones asimétricas en general, que desde la perspectiva del feng shui están desequilibradas. El feng shui favorece el equilibrio en las estructuras, la colocación de muebles, las líneas y los ángulos. En este contexto, hay que contemplar con ciertas reservas el arte abstracto moderno.

227 Que el feng shui de tu hogar sea único

Para crear un buen feng shui en tu casa, elimina sistemáticamente los objetos afilados y las flechas envenenadas secretas, mantén un orden y una limpieza estrictos, y despeja el paso para que en todo momento fluya el chi de forma continua y natural. Si todos los rincones de la casa están bien iluminados y parecen estar en uso, y no queda ninguno oscuro y triste, la casa irradiará una energía única. Normalmente, un sonido de agua ininterrumpido durante las 24 horas del día aporta una energía chi asombrosa.

228 | Cuelga sólo pinturas favorables

Si te gusta colgar pinturas en casa, elígelas con cuidado y reflexión. Evita las imágenes abstractas que sugieran hostilidad, o las que exhiban ángulos y líneas cortantes. Sobre todo, evita los retratos de animales feroces y de aves rapaces, en especial si son de especies depredadoras. También es buena idea no colgar escenas tristes de guerra o hambre, en la creencia errónea de que reflejan tu conciencia social. No hay nada más dañino para la energía del hogar que tener rostros tristes y asustados mirándote desde las paredes. Cuelga pinturas alegres de animales favorables como caballos, elefantes, peces y tortugas. También es buena idea colgar pinturas de pájaros, siempre y cuando tengan un aspecto inofensivo y no hostil.

229 # Elige un centro de mesa impresionante

Es buen feng shui disponer en el salón un elemento central favorable del que parezca emanar buena energía. Puede ser una escultura bien iluminada o una gran bola de cristal como la que hay en mi mesita para café desde hace veinte años, que, con la luz que enfoca sobre ella, es como una fuente que irradia energía. El cristal puro e imbuido de buena energía genera buen feng shui. Otros buenos centros de mesa son los símbolos que posean un significado especial para ti. Hace unos meses he colocado un par de fósiles de ammonita sobre la mesa de café del segundo salón de mi casa, que también emiten energía hacia la habitación. Para enfatizar su carácter positivo, los ilumino con una luz potente durante al menos tres horas al día.

230 No te sientes debajo de un ventilador

Nunca te sientes directamente debajo de un ventilador instalado en el techo, porque el chi del aire que se mueve rápido puede ser negativo. Además, estos ventiladores también representan cuchillas hostiles que te amenazan desde arriba. Para generar una brisa de aire en el cuarto, son mejores los ventiladores de pared o de pie. Los aparatos de aire acondicionado situados directamente sobre la cama tampoco son buena idea porque significan que tendrás algo hostil encima mientras duermes.

231 Las puertas deben abrirse hacia dentro

Las puertas y portales deben abrirse hacia dentro para dar la bienvenida a la buena fortuna que llega a la casa; así, los augurios son mucho mejores que cuando las puertas abren hacia fuera. Además, nunca debe haber nada que impida abrir la puerta. Si las puertas están bloqueadas, significa que todos los proyectos tropiezan con obstáculos. Las puertas tampoco deben estar dispuestas de una forma extraña, porque entorpecerían el flujo del chi. Presta especial atención a la puerta de entrada a la casa.

232 Activa un buen feng shui para el teléfono

Adhiere al teléfono tres monedas atadas con cordel rojo para que mejoren las ventas. Si utilizas mucho el teléfono móvil (¿y quién no lo hace hoy día?), busca un soporte para colocarlo que cuente con buenos auspicios, y así todas las llamadas traerán buenas noticias y oportunidades. Activar el teléfono es una interpretación moderna del feng shui.

233 Imbuye el espacio de tu propia magia

Aplicar feng shui a un espacio es muy parecido a llenarlo de magia; todo está relacionado con las vibraciones de felicidad. Si cada mañana, antes de ir a trabajar, tu espacio se llena de música alegre que te pone de buen humor, la energía que se cree con la salida del sol será positiva. Recuerda que entre las 7 y las 9 de la mañana son las horas del Dragón; si creas un chi positivo, habrás marcado la tónica para el resto del día. Recuerda que los seres humanos somos la mayor fuente de energía y la más potente.

234 El agua debe fluir hacia dentro; nunca hacia fuera

Los ornamentos acuáticos siempre deben fluir hacia dentro de la casa, y nunca al contrario porque denotarían que se escapa la riqueza de la familia, hasta el punto de que podrías perder la casa. Lo mismo vale para edificios corporativos: si hay una fuente cerca de la entrada, como una pequeña cascada, no debe dar la impresión de que flota hacia fuera. En caso contrario, casi seguro que el propietario del edificio acabará perdiéndolo. Quienes pueblan la construcción también sufrirán una mengua de ingresos y riqueza.

235 Cuidado con los lavabos en el sudeste

Los cuartos de baño situados en el sudeste de la casa enviarán a la alcantarilla tu suerte financiera; como éste es el sector de la casa que representa a este tipo de fortuna, tus beneficios y los resultados de la empresa se verán afectados. Si tienes un lavabo al sudeste, cuelga un carillón en el interior de la estancia, o coloca algún objeto metálico. Un móvil musical será positivo, porque al emitir el sonido del metal liberará energía yang de este elemento.

236 Una lámpara en el sudoeste trae amor

Instala una lámpara redonda, amarilla o roja en el sudoeste y enciéndela cada noche durante 49 veladas para activar tu suerte amorosa. Ésta es una de las mejores formas de atraer amor hacia tu vida. Puedes reforzarla si colocas dos figuras de patos mandarines en el rincón del amor, que puede ser el sudoeste o el correspondiente a tu dirección nien yen.

237 Cristal para reforzar el sudoeste

Para dinamizar la energía universal del amor, coloca un cristal en bruto en el sudoeste. Los de cuarzo son especialmente efectivos para la felicidad romántica. Para atraer riqueza y prosperidad a una relación, piensa en colocar un cristal de cuarzo ámbar en el sudeste, o bien uno de amatista para disfrutar de un amor romántico. Pero éstas no son más que dos ideas. En realidad, todos los cristales poseen buenos augurios y atraen algunos atributos positivos. También puedes recurrir a tu intuición para elegir el tipo de cristal por el que sientas que tienes afinidad.

238 Las rosas rojas con espinas pueden arruinar una relación

Nunca le regales a alguien que te importe una docena de rosas muy rojas y llenas de espinas, o será el fin de vuestra relación amorosa. Según los expertos en feng shui, las flores rojas también significan la muerte de una relación y, en algunos casos, la de una persona amada. Si, además, tienen espinas, son doblemente desafortunadas. Opta por colores más «seguros» como el amarillo, el naranja melocotón o el rosado. Si envías rosas, arranca antes las espinas.

239 Las mejores flores para una cita

Para acudir a una cita, lleva orquídeas frescas de tonos violeta, rosas amarillas sin espinas o magnolias de color crema. Hay tantas flores dotadas de buenos augurios, como los crisantemos y las peonias, que no falta dónde elegir. Escoge colores que combinen bien con el elemento KUA del destinatario. Si su número KUA es 1, 3 o 4, por ejemplo, envía flores azules o lavanda; si es el 9, envíalas de color rosa o melocotón; si es 2, 6, 7 u 8, envíalas amarillas.

240 La dirección nien yen da suerte en el amor

Durante una cita romántica, trata de sentarte hacia tu dirección nien yen, que marca la orientación personal para el amor y el matrimonio según la fórmula KUA de las Ocho Mansiones. Siéntate de cara a tu dirección nien yen en todo momento para que tener las máximas oportunidades de que el romance llegue a tu vida. Por si acaso, duerme también con la cabeza apuntando hacia la dirección nien yen.

241 | Regalos inapropiados para una relación amorosa

Nunca le regales a nadie un objeto afilado o puntiagudo, porque generaría muy mala energía entre la persona receptora y tú. Ejemplos de malos regalos son tijeras, cuchillos, abrecartas e incluso juegos de manicura. Si tu persona amada o un buen amigo te regala un objeto como éstos, dale inmediatamente algo de dinero para «comprar» simbólicamente el regalo. Haz lo mismo si te regalan un reloj, porque según los chinos tampoco es un regalo con buenos auspicios.

242 Lleva el símbolo de la doble felicidad

Lleva puesto el símbolo de la doble felicidad en forma de joya o estampado en la ropa, y te traerá muy buena suerte matrimonial. Éste es probablemente el símbolo de amor más potente. Sin embargo, recuerda que denota matrimonio; quien no esté preparado para el compromiso no debería utilizarlo. En el feng shui no hay lugar para amoríos frívolos de una sola noche, sino que el amor y el romance siempre equivalen a familia y matrimonio. En ello se basa la naturaleza saludable del feng shui, que resulta reconfortante.

243 La doble felicidad en el dormitorio

El símbolo de la doble felicidad es una potente imagen de la dicha matrimonial, por lo que lucirlo en el dormitorio tiene el poder de revigorizar un matrimonio aquejado por el tedio. La mejor forma de usarlo consiste en grabarlo en la cama o colgarlo en una pintura; es como expresar una afirmación enérgica en el dormitorio para crear energía de felicidad. Cuando el signo está iluminado, se vuelve mucho más fuerte.

244 El chi yang aviva la pasión

Alegra el dormitorio que compartes con tu pareja con toques brillantes de colores yang (rojo o amarillo) para reavivar la pasión. Cuando reina el tedio, normalmente se debe al dominio del chi yin, un problema fácil de resolver con luces, sonidos y actividad. Algunas veces, basta llevar la radio para marcar una gran diferencia si en el dormitorio ha habido demasiada quietud e inactividad. Si esto no funciona, busca un niño de menos de nueve años y haz que ruede sobre el lecho conyugal. Si es un niño Dragón, todavía mejor: la idea es crear una enorme cantidad de energía yang pura en el dormitorio, y no hay nada más puro que un niño en la más tierna infancia.

45 Evita tener un ventilador de techo sobre la cama

No coloques la cama directamente debajo de un ventilador instalado en el techo. El ventilador transmitirá energía mientras duermes, y os molestará a los dos. Cuando una pareja duerme bajo un ventilador, el chi corta el espacio entre ellos y los separa. Es mejor instalar un aparato de aire acondicionado que no haga ruido en algún lugar apartado del lecho conyugal y deshacerse del ventilador, que constituye un problema grave que debe solucionarse.

246 Mantén el chi de madera fuera del dormitorio

No introduzcas flores frescas ni plantas verdes en el dormitorio porque podrían provocar problemas entre la pareja. El chi de crecimiento de las plantas es inapropiado e incompatible con el dormitorio. Las cosas empeoran si estas plantas son cactus o si tienen espinas. Si no las tiras, podrían provocar que la pareja se echase a perder y agotar toda la esencia yang personal.

247 Prohíbe los televisores en el dormitorio

Evita que haya televisores y ordenadores en un dormitorio porque sus pantallas tienen superficies reflectantes que actúan como espejos cuando están apagadas. Si los tienes, comprueba que al menos no están de cara a la cama o asegúrate de tapar la pantalla cuando te duermas. El exceso de energía yang que producen los televisores y los ordenadores en un dormitorio puede provocar fatiga y tensiones en tu relación de pareja.

248 Las imágenes de mujeres en un dormitorio traen problemas

Saca del dormitorio todas las imágenes de mujeres, incluido cualquier desnudo, imagen de chicas glamurosas y demás. Su presencia en el dormitorio provoca que el matrimonio se hacine. Es un problema grave que daña a la pareja; las imágenes de mujeres desnudas colocadas en un dormitorio perjudican tanto al hombre como a la mujer.

249 Nunca señales directamente a nadie con el dedo

Nunca señales con el dedo índice, con un cuchillo o un tenedor a la persona que quieres ni a nadie, porque, además de ser de mala educación, es muy negativo y genera fricciones y mal feng shui entre tú y la persona afectada de forma casi inmediata. Es como disparar una flecha envenenada. Cuando alguien te lo haga, es importante girarte de inmediato para no estar en la «línea de fuego». Mejor aún es utilizar la mano para apartar simbólicamente la energía. Con la palma hacia fuera, empuja el aire lejos de ti tres veces.

250 El agua en el dormitorio provoca todo tipo de desgracias

Nunca en la vida tengas en un dormitorio ornamentos acuáticos ya que provocarían la pérdida de algo o alguien amado. Podrías perder dinero, sufrir robos y atracos o, peor aún, la muerte de una persona querida. Esto sólo afecta a los ornamentos, no a un vaso ni a un frasco de agua. Este tabú es especialmente importante si el dormitorio se encuentra en el sector sur de la casa.

251 La flautista

Cuelga en el salón una imagen de una mujer joven que luzca vestidos tradicionales de seda y toque la flauta o algún otro instrumento romántico, y emitirá simbólicamente las notas que atraen al chi de la armonía hacia la casa. Una flautista también se considera un símbolo que favorece extremadamente la felicidad y la plenitud del matrimonio del hogar. Los chinos creen que el sonido de la flauta es muy relajante y propicio para el buen sheng chi. En la antigua corte del emperador se enseñaba a tocar este instrumento a las jóvenes bellas.

252 Cristales de cuarzo de color rosa para la suerte en el amor

Hazte con un corazón rosa de cristal de cuarzo y colócalo en la esquina sudoeste de la casa para tener suerte en el amor. Como los guijarros colocados en el jardín, los cristales de cuarzo rosa habilitan el chi romántico del espacio. El cuarzo rosado es la gema asociada al romance y al amor, por lo que los objetos hechos con ella (como árboles de joyas, patos mandarines, grabados y piedrecillas) traen suerte amorosa si están colocados al sudoeste.

253 Fotografías y expresiones de amor

Adhiere corazones rojos o nudos místicos a imágenes en las que aparezcáis tu persona amada y tú para crear chi de amor tierno entre vosotros. Viene a ser como adherir afirmaciones positivas sobre vuestro amor el uno por el otro. Enmarca las fotografías de ambos con marcos que sugieran amor y unión, y repártelas por la casa. Así os reforzaréis simbólicamente como pareja. No hay nada como las declaraciones de amor para mantener fuerte la relación. También debe haber por la casa fotografías de la boda, idealmente orientadas hacia las direcciones favorables al marido.

254 Mejorar el chi del amor y del matrimonio

Adorna con una pareja de patos mandarines u ocas voladoras tu esquina nien yen para mejorar la suerte en el amor y el matrimonio. Las parejas de aves son signos de amor muy poderosos, porque los pájaros no sólo se consideran símbolos de unión amorosa sino también mensajeros de los dioses. Cuando se colocan imágenes de pájaros en la casa, siempre traen buena suerte y, en pareja, son buenos para el matrimonio y para la familia.

155 Envía un deseo al Dragón del Cielo

Para encontrar la pareja de tus sueños, escribe un deseo en un globo rojo o verde de helio y suéltalo al viento. Este ritual taoísta siempre ha sido muy popular, ya que sirve para colmar los deseos más secretos. Si quieres encontrar pareja, escribe el deseo en el globo y envíalo al cielo para que los resultados se manifiesten pronto en tu vida. El ritual del deseo en el globo puede aplicarse a todo tipo de aspiraciones, pero recuerda escribir tu nombre y tu dirección en el globo y pedir sólo un deseo cada vez.

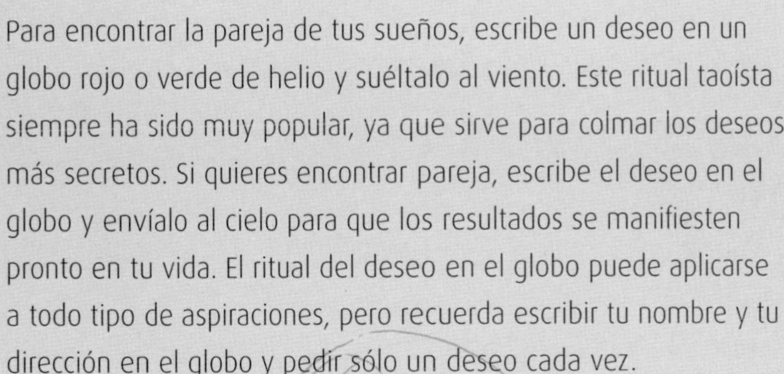

256 Elegir un buen sitio en los restaurantes

Si comes fuera con frecuencia, te conviene saber cómo elegir las «mejores» mesas en los restaurantes. Nunca te sientes cerca de los baños, la cocina ni la entrada del local para que no te molesten olores desagradables, camareros atareados ni la constante entrada y salida de clientes. Las mejores mesas son las situadas en el extremo contrario en diagonal de la entrada. Las mesas con vistas a una ventana también se consideran dotadas de buen feng shui, siempre y cuando no entre luz directa desde el exterior. Si te ves reflejado en uno de los espejos del restaurante, disfrutarás del excelente efecto de la duplicación de la comida sobre la mesa. Si la ocasión es una cita importante, intenta sentarte de cara a tu dirección nien yen si quieres que la amistad se convierta en una relación más profunda.

257 Activa el sudoeste con guijarros

Coloca unos cuantos guijarros grandes con símbolos de la doble felicidad o cintas rojas atadas a su alrededor en la esquina sudoeste del jardín para tener suerte en el romance. El poder de las piedras y los guijarros en una esquina del elemento tierra es como un catalizador de la fuerza matriarcal que no sólo beneficia a la mujer de la casa, sino que también refuerza las perspectivas matrimoniales de los hijos y las hijas que vivan en el hogar y hayan llegado a una edad adecuada.

258 Conchas de cauri para el romance a distancia

Si tienes una relación a distancia, coloca una concha de cauri o una caracola en la esquina nien yen del dormitorio o junto a la cama para que tengas más oportunidades de reunirte con la persona amada. La concha de cauri añade brillo a la relación y contribuye a que llegue a un final feliz. Si crees que la distancia que os separa está enfriando vuestra relación, envía a tu amado o tu amada una concha de cauri para crear más unión.

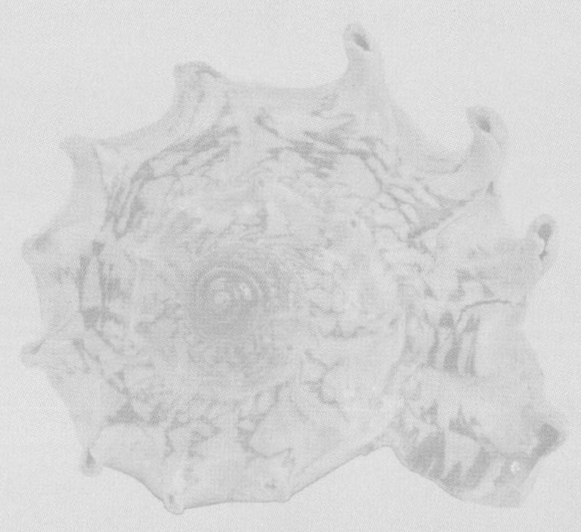

59 Las ventanas traen buena suerte

Las ventanas que se abren hacia fuera siempre son más afortunadas que las que lo hacen hacia arriba o abajo. Si se abren hacia fuera, invitan a la buena suerte. Si tus ventanas se abren verticalmente, es buena idea pintar el marco de un color oscuro para notificar al chi externo que existe una apertura por la que puede entrar en la casa. También es buena idea tener la ventana abierta todo el tiempo posible.

260 Flores bonitas para conseguir un buen yerno

Si tienes hijas jóvenes y solteras, coloca flores de peonia (o una imagen en la que aparezcan) en el salón o en el rellano de la escalera para atraer a pretendientes encantadores con intenciones honorables. Una pintura muy grande de este tipo de flores en una casa con muchas hijas atraerá excelentes yernos a la familia, y aportará alegría tanto a padres como a hijas.

61 | Evita las peonias si tienes más de 50 años

No es aconsejable que las parejas que hayan estado casadas durante una década o más tengan peonias en el dormitorio, porque pueden provocar que el marido tenga un amorío con una mujer más joven. Se trata de la reina de las flores, que simboliza a una mujer joven en pleno esplendor y tiene unos efectos excelentes para las parejas jóvenes. Quienes hayan llegado a la mediana edad no deben tener estas flores en casa, sobre todo cuando todos los hijos ya se han ido y han fundado sus propios hogares.

262 No pongas un espejo justo enfrente de la puerta de casa

Un espejo que refleje la puerta de entrada a la casa hace que toda la fortuna se vaya de allí y que la familia no pueda retener las riquezas o el patrimonio que posea. El dinero, la posición social e incluso las relaciones se te escurrirán de entre los dedos. Si necesitas poner un espejo en el vestíbulo, cuélgalo en una pared en la que no refleje directamente la puerta.

63 Empieza bien las relaciones con chi de fuego

El chi de fuego es especialmente bueno para comenzar con buen pie tus relaciones. El elemento del sector de las relaciones es Kun, la tierra, que puede fortalecerse con chi de fuego. Si no conoces las fórmulas del feng shui o no sabes cómo encontrar cuáles son los sectores que te interesa activar, limítate a considerar las esquinas o las estancias del sudoeste de la casa como las que corresponden a la suerte en las relaciones. Recuerda que todas las fórmulas se complementan entre sí, y no se sustituyen una a otra. Tampoco es cierto que unas tengan mayor potencia o generen resultados más rápidos.

264 Chi de fuego para mejorar la suerte con los exámenes

La energía de fuego también es fantástica para activar el chi del conocimiento y la sabiduría. En el método Pa Kua de las ocho aspiraciones, hemos identificado el nordeste como el sector que puede activarse para disfrutar de suerte en la adquisición del conocimiento. El elemento del nordeste es la tierra, y fortalecer en una habitación el rincón situado en esta dirección con energía de fuego (por ejemplo, con lámparas potentes) facilitará que el aprendizaje se amplíe y se acumule en el hogar. Esto traerá una suerte excelente para quienes tengan que aprobar exámenes.

En el ciclo de los elementos, el fuego produce tierra. Acuérdate de colocar un símbolo de carpa-dragón en la esquina nordeste para tener buena suerte en los exámenes.

65 Protege tu sector nien yen

Si en el lugar de la casa correspondiente a tu dirección nien yen hay un lavabo, un trastero o una cocina, no refuerces su energía porque provocaría una relación desafortunada e insatisfactoria. También tendrías que verificar cada año si el sector que corresponde a tu dirección lugar nien yen (según la fórmula KUA) se ve afectado por estrellas de aflicción. Si un año tu lugar nien yen es el sur, por ejemplo, ten presente que tu vida amorosa se verá aquejada por las Tres Muertes, que pueden encontrarse al sur aquel año. De la misma forma, fíjate cuando vuela al noroeste el Cinco Amarillo; si ésta es tu dirección nien yen, tu vida amorosa se verá perturbada por esta horrible aflicción.

266 La energía de fuego nunca debe ser excesivamente fuerte

Un dormitorio alegre y bien iluminado es bueno para las parejas jóvenes y llenas de energía, ya que aporta energía yang de la pasión a su vida amorosa. Sin embargo, nunca debe exagerarse con esta energía de fuego. En el feng shui, la energía de fuego es una espada de doble filo: trae éxito, reconocimiento y pasión al trabajo y a las relaciones, pero si crece demasiado y escapa de control puede ser dañina. En el peor de los casos, el fuego puede quemar y matar, por lo que no dejes que cobre excesiva fuerza. Además, el fuego no se produce en solitario sino que es un elemento que debe crearse. Tampoco puede almacenarse, pero en el feng shui su esencia puede generarse con símbolos de luz. Usa lámparas eléctricas para crear una fuente de energía de fuego constante e inagotable.

267 No sitúes el lecho matrimonial en sectores problemáticos

Una pareja casada necesita que la cama que comparte se encuentre en un sector con estrellas voladoras dotadas de buenos auspicios. La disposición de las estrellas voladoras en la casa depende de la carta natal. Para saber más sobre el feng shui de Estrella Voladora y las cartas natales, consulta mi libro *Flying Star Feng Shui for Period 8*. Las pequeñas discusiones en el matrimonio se deben a que una estrella de problemas aflige su dormitorio. Si no hay ningún otro lugar en el que colocar la cama, utiliza los colores rojo y dorado para contrarrestar las energías negativas de estas estrellas problemáticas.

268 Los símbolos positivos favorecen a las puertas

Incorpora símbolos positivos a las principales puertas de la casa, porque así mejorará mucho su potencial para atraer fortuna hacia la casa. Los símbolos positivos que mejor funcionan en este sentido son el de la longevidad, el nudo místico y el doble pez.

69 Las puertas macizas siempre son mejores que las de cristal

Todas las puertas importantes de la casa deben ser macizas, incluidas la de la calle y las que dan al dormitorio. Las puertas definen tus espacios vitales e indican una protección sólida para los residentes. Cuando la puerta de la casa es débil, el hogar se vuelve vulnerable a todo tipo de peligros y aflicciones procedentes de las negatividades circundantes. Se pueden utilizar puertas correderas o de cristal como puertas secundarias.

270 La puerta de la calle debe ser la más grande

La puerta de entrada a la casa debe ser siempre la más grande de la vivienda. Esto garantiza que el cabeza de familia disfrute de un respeto apropiado y reciba todo el reconocimiento que se le debe. Cuando la puerta de la casa es más pequeña que alguna otra de la vivienda, la familia será avasallada por otros que se aprovecharán de ella e implicará que el padre no podrá controlar a su mujer ni a sus hijos.

271 Las entradas secundarias deben reforzar a la principal

Si hay entradas secundarias en otros lugares de la casa, deben ofrecer apoyo a la puerta principal. Así es como deben estar ubicadas estas entradas secundarias:

• Si la puerta principal está al norte, le beneficia que una secundaria se halle en el oeste o noroeste.

• Si la puerta principal está al sur, le beneficia que una secundaria se halle en el este o sudeste.

• Si la puerta principal está al oeste o noroeste, le beneficia que una secundaria se halle en el sudoeste o nordeste.

• Si la puerta principal está al este o sudeste, le beneficia que una secundaria se halle en el norte.

• Si la puerta principal está al sudoeste o noroeste, le beneficia que una secundaria se halle en el sur.

272 Feng shui para mejorar la vida sexual

Reanima tu vida sexual cambiando las sábanas aburridas por otras de satén rojo o rosado y la luz fluorescente por velas o lámparas discretas y románticas. La mejor forma de introducir frescura a la vida amorosa es instalar lámparas amarillas o rojas en el dormitorio, ya que crean la energía yang apropiada. Si encuentras lámparas rojas, inscribe en ellas el símbolo de la doble felicidad.

73 Lleva un abanico simbólico contra las malas vibraciones

El abanico siempre ha sido un buen escudo contra la energía negativa. Permite mantener a raya los celos, la envidia y la rabia que pueda profesarte gente que no conozcas. Llevar encima un abanico de sándalo te presta un grado de protección increíble, pero también puedes llevar un abanico simbólico dorado o plateado con el símbolo del Mono. Si tienes uno en el bolso, te protegerá contra los robos.

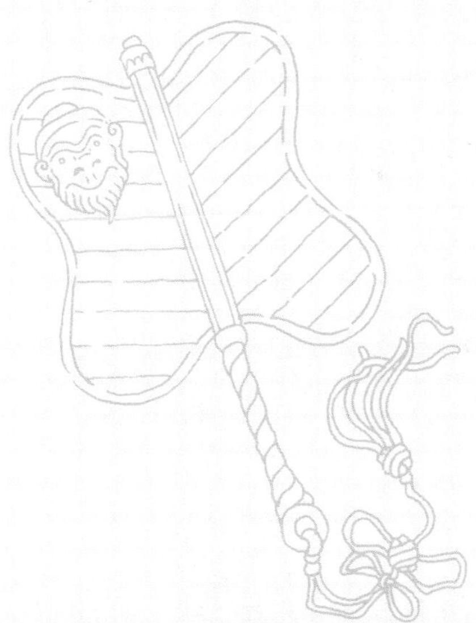

274 No tengas una escalera frente a la entrada

Si hay una escalera directamente frente a la entrada de la casa, el chi que accede a ella se contamina inmediatamente. Esta situación puede provocar un grave infortunio en la familia, incluso la pérdida de uno de sus miembros. Las escaleras siempre deben estar algo apartadas de la entrada. Si no, hay que reformarlas para que den a otra parte, o bien utilizar curas elementales.

- Si la escalera da a la puerta en dirección al sur, cuelga un cristal tallado entre ambas.

- Si la escalera da a la puerta en dirección al norte, coloca una planta sana entre ambas.

- Si la escalera da a la puerta en dirección al sudeste o al este, cuelga una luz brillante entre ambas.

- Si la escalera da a la puerta en dirección al sudoeste o al nordeste, cuelga un carillón de seis varillas metálicas entre ambas.

- Si la escalera da a la puerta en dirección al noroeste o al oeste, coloca dos urnas con agua entre ambas.

275 | Espejos mágicos protectores

Las señoras solteras que frecuenten locales nocturnos deben llevar siempre un espejo mágico en el bolso para protegerse contra la atención no deseada y las situaciones desagradables. Estos espejos son más potentes cuando están hechos de bronce y en el reverso lucen el símbolo de la longevidad de los cinco murciélagos, que protege contra la muerte prematura y puede considerarse que posee poderes de talismán.

276 Tapa todos los estantes

La energía letal que genera el borde de los estantes puede provocar fricciones entre los cónyuges. En una oficina, causan problemas entre empleados y colegas. Conviene cubrir los estantes con puertas correderas; aunque sean de cristal, protegen contra el chi negativo que emiten las cuchillas afiladas que simbolizan los estantes.
Los gerentes que tengan estantes visibles a su espalda sufrirán problemas de salud. A veces, estas librerías pueden llegar a provocar la pérdida del negocio; lo más prudente es desmontarlos o taparlos.

277 Yin y yang en el dormitorio

Asegúrate de que creas el equilibrio correcto entre las energías yin y yang en el dormitorio para que resulte más fácil atraer a una pareja. Las vibraciones yin son buenas para descansar, pero, cuando son demasiado fuertes, la carencia de chi yang puede dar lugar a una vida amorosa solitaria. Por otro lado, cuando el chi yang es demasiado fuerte, puede representar obstáculos para encontrar una pareja adecuada. Las mujeres solteras nunca deben tener en su dormitorio una imagen solitaria del Dragón, ya que se considera demasiado yang y les provocará dificultades amorosas.

278 El Fénix y el Dragón abren perspectivas matrimoniales

Para disfrutar de un matrimonio feliz o para mejorar tus perspectivas matrimoniales, recurre a una imagen de la pareja celestial: el Fénix y el Dragón, que, dispuestos el uno al lado del otro, representan al yin y al yang respectivamente. El Dragón adopta el simbolismo de la esencia yang masculina, mientras que el Fénix se imbuye de la esencia yin femenina. Éste es uno de los símbolos más potentes de la energía chi entre marido y mujer, y cuando se coloca en tu dirección personal del amor o en la esquina sudoeste de la casa, crea suerte matrimonial.

79 Los ornamentos acuáticos, siempre a la izquierda

Asegúrate siempre de que los ornamentos acuáticos siempre quedan a mano izquierda desde la entrada de la casa cuando se está mirando desde el interior hacia fuera. Por muy buenos augurios que otras fórmulas puedan otorgar a la colocación de agua cerca de la entrada, si la ubicas sin darte cuenta a la derecha de la puerta, como mínimo sucederá que el hombre de la casa se volverá mujeriego, o incluso llegará a tomar una segunda esposa. Una mujer que no quiera perder a su marido debe apartar de la parte derecha de la puerta cualquier ornamento dotado de agua. Esto se aplica tanto al interior como al exterior de la casa.

280 El amor es un asunto serio

Sólo hay que reforzar el feng shui del amor cuando se esté preparado para tener una relación seria y un compromiso de verdad. Si no, se corre el riesgo de obtener más éxito del que se desea. Recuerda que en el feng shui no existe lugar para los flirteos ni para los amoríos de una sola noche. El amor siempre significa matrimonio y fundar una familia. Si habilitas tu sector del amor y no estás como para sentar la cabeza, podrías buscarte problemas.

81 Pájaros de cristal para una buena unión

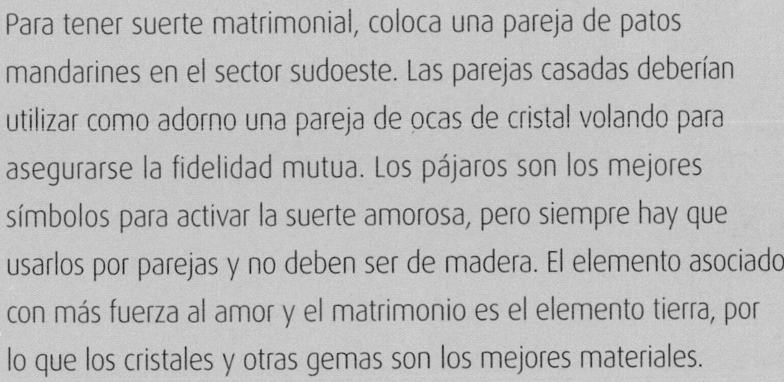

Para tener suerte matrimonial, coloca una pareja de patos mandarines en el sector sudoeste. Las parejas casadas deberían utilizar como adorno una pareja de ocas de cristal volando para asegurarse la fidelidad mutua. Los pájaros son los mejores símbolos para activar la suerte amorosa, pero siempre hay que usarlos por parejas y no deben ser de madera. El elemento asociado con más fuerza al amor y el matrimonio es el elemento tierra, por lo que los cristales y otras gemas son los mejores materiales.

282 Mantén bien iluminado el sudoeste en todo momento

Mantén vivas las llamas del amor instalando una luz brillante al sudoeste del jardín, del salón o incluso del dormitorio. Las luces significan la energía del fuego, que produce tierra, que es el elemento simbólico de la energía maternal. El trigrama maternal Kun significa amor, romance y el cuidado protector de la familia. Por eso, mantener bien iluminado el sudeste en todo momento es ideal para gozar de suerte en la familia y el amor.

83 Cuelga cortinas con símbolos de amor

Para colmar de dicha tu matrimonio, cuelga cortinas con símbolos de amor en el dormitorio, ya sean chinos u occidentales, de forma que pueden utilizarse también flores como las peonias o las orquídeas. Sin embargo, el símbolo más potente de amor es el de la doble felicidad, que atrae el tipo de energía que conduce a la felicidad matrimonial y a una abundancia de ocasiones felices. Otros símbolos de amor son las imágenes de parejas besándose y las parejas de animales.

284 La dirección personal del amor

La dirección personal del amor se conoce como dirección nien yen. Siéntate siempre de cara a tu dirección nien yen cuando estés manteniendo una cita, y duerme siempre con la cabeza apuntando hacia tu nien yen para reforzar la suerte amorosa mientras duermes. La dirección nien yen beneficia individualmente a cada persona. Si ya estás casado y os está costando concebir para fundar una familia, dormir con la cabeza apuntando a la dirección nien yen del marido servirá de ayuda. Recuerda que la dirección del marido es más importante que la de la esposa.

.85 Lleva el símbolo de la doble felicidad

Para tener suerte romántica, instala dos lámparas rojas con el signo de la doble felicidad. O mejor aún: lleva el símbolo de la doble felicidad en una pieza de joyería, ya sea un anillo en el dedo anular de la mano izquierda para atraer a una pareja, o en forma de pendientes para alentar a tu novio a que te haga proposiciones matrimoniales.

286 Las flores rojas pueden traer mala suerte

Nunca envíes flores rojas (las peores son las rosas de tallo largo con espinas) a tu amado o tu amada porque podría ser el fin de vuestro romance. Tampoco envíes nunca flores rojas a tu esposo o tu esposa; significan la separación final y causan que el otro conozca a una tercera persona. Tampoco pongas flores rojas en un ramillete que vayas a enviar a un hospital, ya que normalmente significan la muerte y no es un símbolo nada apropiado para quien se esté recuperando de alguna dolencia. Los budistas también son reacios a colocar flores rojas en un altar, ya que dicen que poseen malos augurios.

287 Cómo conseguir un matrimonio acaudalado

Si quieres contraer matrimonio con una persona rica, intenta orientar la entrada de la casa hacia el noroeste, la dirección que en teoría atrae la suerte de la riqueza en el matrimonio. En esta situación, se dice que la casa se asienta sobre el sudeste, la dirección de la riqueza según el método simbólico Pa Kua de las ocho aspiraciones. Si vives con tus padres y no puedes cambiar de sitio la puerta de la casa, encuentra una habitación en la casa cuya puerta dé al noroeste y cuelga un gran símbolo de la doble felicidad en el sudoeste de la estancia. Esto atraerá a tu vida a un pretendiente rico. Pero ten en cuenta que el feng shui no puede garantizar un buen marido o una buena mujer; eso depende del karma de cada uno.

288 El nudo místico

Decora tu habitación con el nudo místico para disfrutar de un matrimonio feliz y duradero. Se trata de un símbolo muy potente cuyo poder aumenta durante el período 8. El nudo místico traerá todo tipo de buena suerte a tu vida, porque es a la vez el número 8 y el signo del infinito. Para crear el nudo místico, tienes que «trazar» tres veces el signo del infinito. Cuando cuelgas el nudo en el coche, frotarlo te ayudará a encontrar aparcamiento, y si lo llevas en el bolso te protegerá contra los ladrones que pudieran arrancártelo de un tirón. Si tienes diez bolsos, hazte con diez nudos de este tipo atados con cordel rojo y tallados en jade. El efecto tiene una potencia asombrosa.

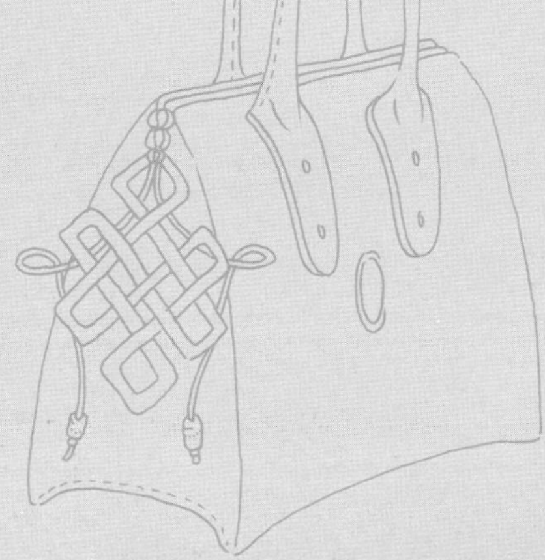

289 Visualizar la magia de la Luna

Para disfrutar de suerte en el matrimonio, estimula la energía lunar con la imagen de un paisaje en el que figure la Luna y la luz que ésta emite. Los chinos siempre han creído que el dios del matrimonio reside en la Luna y, por eso, las jóvenes que buscan marido tratan de enviar mensajes mentales a esta deidad. El día quince de cada mes, cuando hay luna llena, envía burbujas de jabón hacia la Luna e imagina que contienen tus deseos. Intenta imaginar que las burbujas son de color rosa y visualizarte con tu pareja en una burbuja rosa el día de vuestra boda. Esta imagen posee un gran poder, especialmente si ya tienes en mente a una persona concreta.

290 Números KUA compatibles

En general, los cónyuges cuyos números KUA se encuentren en el mismo grupo serán más compatibles. Las personas del grupo del este deberían casarse con gente del mismo grupo, y lo mismo las del oeste. Esto facilita también aplicar el feng shui a la casa, ya que compartirán las mismas direcciones favorables. Los siguientes emparejamientos de combinaciones Ho Tu de números también cuentan con buenos auspicios:

- KUA 1 y 6 disfrutarán de suerte financiera
- KUA 2 y 7 disfrutarán de un matrimonio muy feliz
- KUA 3 y 8 disfrutarán de una fortuna excelente
- KUA 4 y 9 disfrutarán de fama y reconocimiento

Las parejas con estos emparejamientos de números KUA se beneficiarán de vivir en una casa con el número 5, si la encuentran, lo que se debe a que el 5 es el número central del cuadrado Ho Tu.

291 Usa el espejo mágico cuando haya luna llena

Una buena forma de utilizar el espejo mágico para gustarle a alguien que te atrae consiste en esperar a una noche de luna llena (puedes consultar el calendario lunar o el almanaque feng shui). Comprueba que el día no entra en conflicto con el animal del año de tu nacimiento, y entonces prepárate para imbuir el espejo de la potente energía de la Luna. El espejo mágico debe tener grabados favorables en el reverso como el símbolo de la doble felicidad o el de la longevidad, cuyos cinco murciélagos simbolizan los cinco tipos de suerte. Sostén el espejo para que tanto tu rostro como la luna se reflejen en él, y formula un deseo en silencio. La próxima vez que te encuentres a la persona que te gusta, proyecta luz sobre ella con el espejo y verás cómo la magia se pone a trabajar.

292 Todas las puertas interiores deberían tener el mismo tamaño

En el interior de la casa, todas las puertas deberían ser del mismo tamaño. Esto no afecta a las puertas correderas de cristal, que se consideran «oberturas». Estamos hablando de puertas totalmente hechas de madera.

293 Elige el dormitorio de los niños según su número KUA

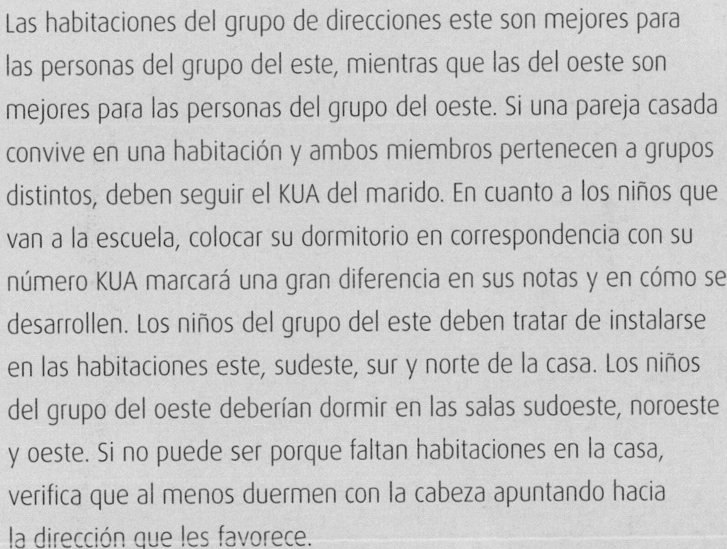

Las habitaciones del grupo de direcciones este son mejores para las personas del grupo del este, mientras que las del oeste son mejores para las personas del grupo del oeste. Si una pareja casada convive en una habitación y ambos miembros pertenecen a grupos distintos, deben seguir el KUA del marido. En cuanto a los niños que van a la escuela, colocar su dormitorio en correspondencia con su número KUA marcará una gran diferencia en sus notas y en cómo se desarrollen. Los niños del grupo del este deben tratar de instalarse en las habitaciones este, sudeste, sur y norte de la casa. Los niños del grupo del oeste deberían dormir en las salas sudoeste, noroeste y oeste. Si no puede ser porque faltan habitaciones en la casa, verifica que al menos duermen con la cabeza apuntando hacia la dirección que les favorece.

294 Las puertas de los dormitorios de los niños deben ser de igual tamaño

Cuando los niños tienen dormitorios con puertas de distintos tamaños, el que posea la más grande acabará dominando a todos los demás. Esto puede ser bueno o malo en función de quién ocupe dicha habitación. Normalmente, yo colocaría al mayor en el dormitorio dotado de la puerta más grande. Lo ideal, sin embargo, es que todos los niños de un hogar crezcan sin que ninguno domine a los demás.

95 Los lavabos y retretes deben ser pequeños

Muchos de los antiguos textos de feng shui advierten repetidamente sobre el efecto negativo de los cuartos de aseo. Por supuesto, en la antigüedad los lavabos se construían un poco apartados de la casa y, en las casas adineradas, no los había porque se empleaban bacinillas que los sirvientes se encargaban de retirar. En las casas modernas, en cambio, los lavabos son muy necesarios y la mejor solución pasa por que sean lo más pequeños posible: esto reduce el efecto de su chi negativo.

296 Las manzanas de cristal dan paz a un hogar

La palabra china para «manzana» suena como la que significa «paz», por lo que se cree que tener manzanas en casa aporta paz a un hogar. En la antigüedad, los manzanos eran árboles tan deseados como los melocotoneros, En el actual período de elemento tierra, las manzanas de cristal expuestas junto a esferas del mismo material garantizan armonía para la casa; las discusiones serán mínimas y normalmente habrá pocos malentendidos.

97 Seis esferas de cristal para la magia del período 8

En una de las tácticas feng shui más poderosas para domar el chi de elemento tierra del período 8 se combina la creencia taoísta en la magia de las esferas de cristal lisas con el significado Pa Kua del número 6, que es el «chi del cielo». Así, colocar seis esferas de cristal en el centro de la casa o del salón es una forma espléndida de asegurarse de que la vida avance sin grandes obstáculos ni problemas.

298 Activar el noroeste beneficia al hombre de la casa

Es muy importante «proteger» el sector noroeste de la casa, porque esta parte de la vivienda afecta a la suerte del patriarca, es decir, el cabeza de familia. Cuando el lavabo de la casa se encuentra en el noroeste, merma la suerte del marido, y si falta la esquina correspondiente a esta dirección, pueden acaecerle grandes infortunios.

Cuando viven mujeres solteras en una casa o un apartamento en el que falta la esquina noroeste, experimentan dificultades para encontrar marido. Puedes simular esta esquina instalando una luz brillante en dicho espacio.

99 Refuerza el sudoeste para beneficiar a la madre

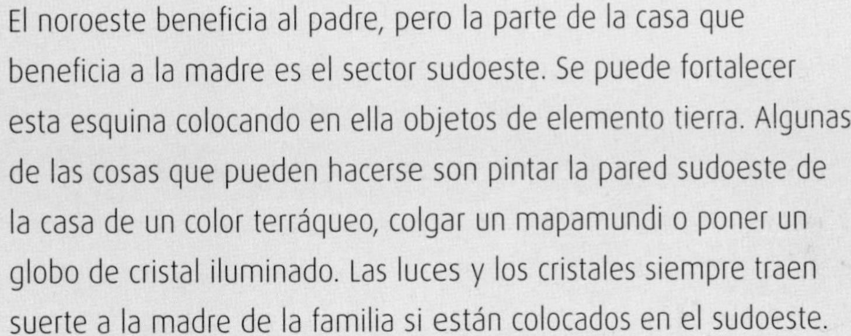

El noroeste beneficia al padre, pero la parte de la casa que beneficia a la madre es el sector sudoeste. Se puede fortalecer esta esquina colocando en ella objetos de elemento tierra. Algunas de las cosas que pueden hacerse son pintar la pared sudoeste de la casa de un color terráqueo, colgar un mapamundi o poner un globo de cristal iluminado. Las luces y los cristales siempre traen suerte a la madre de la familia si están colocados en el sudoeste.

300 Activa el este para disfrutar de buena suerte en la familia y la salud

El sector este gobierna la suerte de la familia y la longevidad de sus miembros, y garantiza que la unidad familiar permanecerá sana, fuerte y cohesionada. Si en el hogar viven miembros de la familia ancianos, hay que comprobar que el sector este no esté aquejado por algún problema de feng shui. Verifica que el lavabo no ocupe un lugar prominente al este. Si hay un cuarto de aseo en este sector de la casa, mantén siempre cerrada su puerta cuando no se esté usando. Refuerza la suerte de longevidad y de buena salud decorando este sector con los elementos del agua y la madera. Los colores azul y verde son adecuados para este sector. También hay que mantener activa esta parte de la casa; no dejes que se estanque aquí la energía chi. Si no pasas suficiente tiempo en esta parte de la vivienda, ten allí una radio y déjala que suene al menos tres horas al día.

01 Activa el oeste para tener suerte con la descendencia

Si quieres tener buenos niños, o si quieres tenerlos y te está costando concebir, deberías habilitar la suerte en el oeste del salón o en el dormitorio. Hazlo colocando «imágenes de infancia» en el oeste y realzándolas con luz. Es aconsejable utilizar los cinco colores de las denominadas «lámparas de lava», ya que éstas realizan una excelente función en el feng shui. Las luces simbolizan la energía del fuego, y el aceite que circula por el interior de la lámpara simboliza la energía del agua. Los diferentes colores de las lámparas representan los demás elementos. Teniendo encendidas las lámparas al menos tres horas al día, el rincón oeste (que representa la descendencia) gozará de una energía fuerte que beneficiará a los niños de la casa y contribuirá al nacimiento de nueva prole.

302 Activa el nordeste para tener suerte con la educación

El nordeste es el sector que trae suerte a los estudiantes y académicos. Los niños que todavía estén estudiando se beneficiarán de un nordeste bien tratado. Como éste es el sector representado por la energía de tierra, utiliza cristales e imágenes de globos en él para poner en marcha su energía positiva. Comprueba que no le perjudica la presencia de un lavabo o la cocina; de ser así, no apliques feng shui a este sector sino al pequeño chi de la sala de estudio de los niños y al del salón, en cuyos rincones del nordeste puedes colocar cristales. El nordeste también trae suerte a quien trabaje en investigación, comunicación, periodismo y artes creativas.

03 Refuerza el sur si quieres reconocimiento

Si estás trabajando como un esclavo y tu jefe nunca reconoce lo que valen tus esfuerzos, tienes que ponerte a reforzar el sur. Éste es el sector que gobierna todo lo relacionado con cómo te perciben los demás. Descubrirás que, por muy bueno que seas, si tienes problemas en el sur te subestimarán y tus esfuerzos y tus talentos no recibirán el reconocimiento que merecen. No dejes que pase esto: toma medidas para que el sector sur de tu casa siempre esté muy iluminado, activo y vibrante. Utiliza el color rojo o el verde para reforzar la energía de fuego de este sector, o utiliza una pintura de un centenar de aves. También es un buen lugar para exhibir tu tributo o para escenas ecuestres.

304 Recuerda siempre tus direcciones durante las reuniones

Si estás en una reunión importante en la que te interesa que las cosas evolucionen en una dirección determinada, si estás negociando algo, o si tratas de convencer a alguien de algo, comprueba que estás sentado hacia una de tus direcciones favorables según tu KUA. Por supuesto, tu mesa de trabajo también tiene que estar orientada hacia tu sheng chi (dirección del éxito), pero no es menos importante sentarte en la dirección correcta durante una reunión; este pequeño paso puede marcar una gran diferencia, en especial si tu trabajo comporta ventas, negociaciones y llegar a acuerdos. Sólo tienes que llevar una brújula de bolsillo; hoy día se pueden encontrar en llaveros, relojes y carteras, de forma que no es una molestia llevarlas encima.

305 Feng shui en la sala de juntas

Si diriges una empresa o si tu trabajo te obliga a asistir a reuniones con frecuencia, aquí tienes algunos consejos:

• Siéntate tan lejos de la puerta como puedas. La mejor dirección es en el extremo diagonalmente opuesto a la puerta.

• Siéntate con una pared maestra a tu espalda para contar con apoyo.

• Nunca te sientes de espaldas a una ventana, sobre todo si la reunión se celebra en un piso muy elevado.

• No te sientes en un lugar en el que los pies te apunten hacia la puerta; se considera una mala posición.

• Jamás te sientes de espaldas a la puerta, porque prestarás atención constantemente a quienes se encuentren detrás.

• Evita que te «hieran» las vigas o las esquinas que sobresalgan del techo o de los rincones.

306 Durante una entrevista de trabajo

El feng shui dicta que durante una entrevista tienes que estar sentado de cara a una de tus direcciones positivas. No es necesario que sea tu mejor dirección; de hecho, la dirección fu wei es la mejor para tener buena suerte en las entrevistas. Tendrías que llevar en el bolsillo un cristalillo de un solo punto o un colgante de jade que muestre los cinco murciélagos: te permitirán conseguir más fácilmente el trabajo que deseas. Aquí tienes la dirección fu wei que corresponde a cada número KUA.

KUA	FU WEI
1	Norte
2	Sudoeste
3	Este
4	Sudeste
5	*
6	Noroeste
7	Oeste
8	Nordeste
9	Sur

* SO para hombres y NE para mujeres.

07 Buena suerte en los exámenes

Para tener buena suerte en los exámenes, siéntate hacia tu dirección fu wei y lleva en el bolsillo una imagen de jade pequeña de una carpa a punto de saltar el portal del dragón. Si quien ya está en la universidad decora su espacio con una carpa de gemas o de cristal a punto de saltar el portal del dragón, tendrá muchísima suerte en los exámenes. La leyenda del portal del dragón explica la historia de una humilde carpa que asciende el río a contracorriente y cruza el portal de un salto para convertirse en un dragón. Desde hace mucho tiempo, ésta ha sido una metáfora de aprobar los exámenes imperiales que, en la antigüedad, eran el pasaporte a la fama y la gloria en la corte del emperador.

308 Remedios feng shui para viajes

Si debes realizar un viaje importante desde una dirección desfavorable, minimiza los efectos perjudiciales dando un rodeo. Si es un traslado de primer orden, es aconsejable quedarse al menos seis semanas en una parada intermedia para compensar la influencia negativa de la primera parte del viaje. Como esto suele ser difícil, aquí tienes algunas medidas para diluir el chi desfavorable cuando viajes en direcciones desafortunadas:

• Si viajas desde el este o el sudeste, utiliza un cuchillo curvado de metal para cortar el aire frente a ti antes de comenzar el viaje.

• Si viajas desde el sur, vierte varias gotas de agua frente a ti tres veces antes de comenzar el viaje.

• Si viajas desde el norte, toma un poco de tierra del jardín de tu casa y tírala frente a ti antes de comenzar el viaje.

• Si viajas desde el oeste o el noroeste, enciende tres velas y corta el aire con ellas tres veces antes de comenzar el viaje.

• Si viajas desde el sudoeste o el nordeste, busca hojas de pino y corta el aire con ellas tres veces antes de comenzar el viaje.

09 Al mudarte, comprueba las direcciones

Las mismas normas se aplican cuando vayas a cambiar de residencia. Verifica que el traslado te sea favorable en función de la dirección desde la que sales. Si es una de las que te favorecen, será bueno. Si no, te traerá desgracias a menos que pongas en práctica algunos remedios.

310 Elige bien dónde estudiar en el extranjero

Si contemplas la posibilidad de estudiar en el extranjero, toma nota de que debes seleccionar correctamente el destino. En general, según la fórmula KUA tendrías que viajar partiendo desde una dirección favorable; es decir, desde una dirección que te traiga suerte. Normalmente, las personas del grupo del oeste (números KUA 2, 5, 6, 7 y 8) deben buscar su universidad en el oeste, el noroeste o el sudoeste, donde podrán obtener resultados excelentes. Las personas del grupo del este (números KUA 1, 3, 4 y 9) deben viajar al este, el sudeste, el norte o el sur.

11 Activa el sector correspondiente al animal de tu signo

Una forma fácil de mejorar tu feng shui personal consiste en activar y dinamizar el espacio de la casa que corresponda a la dirección del animal de tu signo. Cada animal del zodíaco chino tiene asociada una dirección de la brújula. Para determinar el animal que te corresponde, tienes que consultar tu fecha de nacimiento y comprobar tu dirección en el gráfico de esta página. Para activar la dirección, sólo necesitas colocar un símbolo de tu animal en la dirección correspondiente.

312 Activar los cuatro trigramas importantes

En cada casa hay cuatro sectores importantes; los que hacen referencia a la unidad familiar tradicional: el padre (trigrama Chien), la madre (trigrama Kun), el hijo (trigrama Ken) y la hija (trigrama Sun). Activar estos trigramas significa verificar que las cuatro direcciones secundarias del patriarca, la matriarca, los hijos y las hijas de la familia no están ausentes ni afectadas por un problema de feng shui, sino activadas adecuadamente.

13 Trigramas que benefician a los niños

Para activar las esquinas correspondientes a los niños, refuerza los extremos del nordeste (trigrama Ken) y el sudeste (trigrama Sun) de la casa. Si están ausentes, activa los rincones equivalentes del salón o del comedor. El nordeste beneficia a los hijos y denota suerte en los exámenes y la educación en general; para activarlo, utiliza energía de fuego. El sudeste beneficia a las hijas de la familia y también es la esquina de las riquezas; para activarlo, coloca allí muchas plantas que crezcan sanas y exuberantes.

314 Activar el trigrama Kun para tener felicidad en la familia

Cuando activas el sudoeste, el lugar del trigrama Kun, no sólo beneficiarás a la madre sino que generarás suerte en las relaciones para toda la familia. Cuando la madre tiene suerte, todos se benefician. La mejor forma de conseguirlo pasa por el uso de energía de fuego, por lo que debes colocar en el sudoeste cristales iluminados intensamente.

315 Activar el trigrama Chien para favorecer al padre

El primer trigrama que se debe activar es Chien, que designa la dirección noroeste. Esta parte de la casa debe activarse para beneficiar al patriarca con independencia de si esta dirección es favorable o no para él. Como el elemento que tiene asociado es el metal, se beneficia de la energía de tierra; un cristal grande colocado en el noroeste ofrece un feng shui espléndido para el patriarca y otorga protección para la familia.

316 ¿Te trae suerte el edificio de tu apartamento?

Para saber si tu apartamento te trae suerte, verifica si el edificio posee afinidad con tu número KUA comprobando con una brújula en qué dirección está orientado y sobre cuál se asienta. Ambas direcciones deberían serte favorables en función de tu número KUA.

Si tu número KUA es 1, 3, 4 o 9, eres una persona del grupo del este y todas las direcciones asociadas a este punto cardinal (este, sudeste, norte y sur) te ofrecen buenos augurios. Si el edificio está orientado o se asienta sobre una de ellas, es bueno para ti. Recuerda tomar primero la dirección en la que está orientado y que la contraria es la dirección sobre la que se asienta.

Si tu número KUA es 2, 5, 6, 7 u 8, perteneces al grupo del oeste y tus direcciones favorables son el oeste, el noroeste, el nordeste y el sudoeste.

17 Activar símbolos de buena suerte

Para practicar el feng shui puedes limitarte a colocar los símbolos favorables tradicionales en la casa. Por ejemplo, en pocas casas chinas dejarás de encontrar los tres dioses de las estrellas conocidos como Fuk Luk Sau. Estas tres deidades taoístas simbolizan la salud, la riqueza y la longevidad para los hogares en los que están presentes.

Otros símbolos importantes que traen buena suerte son el Dragón-Tortuga, el sapo de tres patas, los cuatro guardianes celestes (dragón, fénix, tortuga y tigre) y los cinco murciélagos del símbolo de la abundancia. También es importante que abunden las monedas, lingotes en miniatura y piedras preciosas. Cuando estos símbolos que auguran prosperidad están presentes en el hogar, denotan abundancia y facilitan que el chi de la buena fortuna fluya hacia adentro.

318 La calabaza trae mucha abundancia

Aunque no sea tan famosa como el sapo de tres patas o el barco de vela, la calabaza aporta al hogar una riqueza de un tipo diferente. Este fruto es un gran símbolo de prosperidad y abundancia, de tener siempre suficiente para comer y de la riqueza que se transmite a las generaciones futuras. También es un símbolo de fertilidad que promete que habrá generaciones de hijos y nietos para continuar con el nombre de la familia. Colocada al sudeste trae riqueza, pero una joya en forma de calabaza atraerá buena fortuna esté en el lugar de la casa en el que esté.

319 El Ru Yi da autoridad frente a los hijos difíciles

El Ru Yi es un instrumento bien conocido y utilizado por los jefes para controlar a sus subordinados, por los dirigentes para controlar a sus súbditos y por quienes ostentan cargos elevados para mantener su rango y su puesto. También se conoce como el cetro de la oficina. Sin embargo, es igualmente útil para controlar a los hijos difíciles en casa. Colocado en el noroeste incrementa la autoridad moral del padre. No sirve de nada intentar dominar a los niños de hoy en día con la fuerza; hay que ganarse su respeto y atención. Recurriendo al poder del Ru Yi, el patriarca se fortalece y, con él, lo hace toda la familia. Para reforzar la influencia de la madre, coloca el Ru Yi al sudoeste.

320 El famoso sapo de tres patas

Otro potente símbolo al que se asocia la suerte económica de la casa es el popular sapo de tres patas. La mejor forma que puede adoptar es tallado en una sola pieza de cristal de roca u otra piedra preciosa. El actual período 8 corresponde al elemento tierra, por lo que una imagen favorable elaborada en un material precioso de la tierra (como el cristal, la amatista o el cuarzo amarillo) es doblemente efectiva. Los sapos de tres patas hechos de bronce o yeso también son fantásticos colocados bajo un sofá o una mesa en el salón. No sitúes este símbolo en un altar o en un estante elevado de un armario; el mejor lugar es el suelo y mirando hacia la puerta. Una cantidad favorable de sapos para la casa es nueve.

321 Cuelga cristales tallados para que entre el buen chi

Una de las mejores formas de invitar a la energía yang del cosmos, que otorga buena suerte, consiste en colgar cristales tallados en las ventanas. Así se atrae a la esencia de la luz del sol, que contiene una poderosa energía de luz. Las caras talladas en el cristal difractan la luz en los siete colores del arco iris, que despiertan a los siete chakras del cuerpo humano y los alinean con los siete planetas que aportan una buena energía purificadora. El sol de primera hora de la mañana es especialmente conveniente, así que ten cristales colgados en las ventanas que den al este.

322 La cascada de seis niveles

Construye en el jardín una cascada de seis saltos de agua para atraer a la buena fortuna desde el cielo. Es una manifestación perfecta de energía tien ti ren (cielo, tierra y humanidad), que trae riqueza, armonía y felicidad a los hogares. El agua de estas cascadas artificiales tiene que mantenerse limpia, de modo que se ha de instalar un filtro. El agua debe caer en un estanque de profundidad suficiente para que en él puedan vivir peces sin peligro de ser presa de depredadores como pájaros o ratas. Monta la cascada en el norte, el este o el sudeste; en el actual período 8, se considera que en el sudoeste el agua resulta extremadamente favorable. Sea cual sea el espacio en el que la instales, verifica que esté comunicado con la casa por una puerta, ventana o algún tipo de abertura para que el buen chi generado entre en el hogar.

23 Cómo encontrar el lugar para el agua de prosperidad

Hay diferentes modos de encontrar el lugar correcto para el agua de la prosperidad, pero probablemente el mejor sea el de la Estrella Voladora, que utiliza las cartas natales relevantes de la casa para identificar la posición de las estrellas de agua favorables. Este método feng shui se basa en la orientación de la casa y demarca sobre el plano los sectores dotados de buenos auspicios. Por este motivo, es conveniente familiarizarse con el feng shui de Estrella Voladora, pero mientras tanto, si colocas un pequeño ornamento acuático en el norte o sudoeste es imposible que te equivoques: identifica con una brújula estos dos sectores de la casa.

324 Ilumina bien el vestíbulo

Cerciórate de que la pequeña zona de la entrada de la casa o de la oficina está siempre bien iluminada. Se trata de una buena práctica de feng shui: incluso de noche es buena idea dejar encendida al menos una luz en el vestíbulo. Así te aseguras de que el chi del hogar nunca pueda volverse excesivamente yin durante las horas nocturnas.

25 Uso positivo de los colores

Dos principios gobiernan el uso de los colores en el feng shui: la teoría de los cinco elementos y la del yin y el yang. Los colores son muy efectivos, con independencia del método feng shui utilizado. Al hablar de colores, siempre se hace referencia a los del arco iris, cuyos aspectos yin y yang dependen de su intensidad y su matiz cromático. En general, cuanto más oscuro es un color más yin es, dada la mayor preponderancia del negro. De la misma forma, cuanto más claro es un color más yang tiende a ser, debido a la presencia del blanco. El negro es un color yin, y el blanco uno yang. Aparte de esto, recuerda que el rojo se considera yang, al igual que el amarillo. De hecho, estos dos colores son un símbolo de buena suerte y una manifestación de energía yang vibrante. En el feng shui, los colores pueden utilizarse en función de la posición cardinal del sector que se esté decorando. Otra posibilidad es basarse en el número KUA individual, a partir del cual se puede identificar el color que favorezca al feng shui de cada persona.

326 Rojo en el sur trae ascensos

El color rojo está asociado al sur y, en la teoría de los cinco elementos, pertenece al fuego. Cuando está presente en el sur, este color trae suerte de cara al reconocimiento, el éxito y las promociones. En el sector meridional de la casa, del salón o del comedor, el rojo aporta una energía yang muy viva. Sin embargo, no olvides que los tonos rojos más favorables son el cinabrio, el rojo del año nuevo chino y el rojo «sangre de buey».

527 Propiedades especiales del rojo y el dorado

La magnífica combinación de los colores rojo y dorado siempre genera una fabulosa suerte para el reconocimiento. El oro da suerte con el dinero, mientras que el rojo hace las veces de desencadenante. Así, si colocas en alguna parte monedas atadas con cordel rojo tendrás una buena suerte financiera. Por este motivo, quienes lo saben siempre colocan bajo el suelo y en las paredes centenares de amuletos de tres monedas atadas con cordel rojo. Así crean el aura de buena suerte económica por toda la casa. El significado de la combinación de rojo y dorado también significa ascensos en la oficina, ocasiones felices y prosperidad. Los atributos favorables de esta combinación cromática hacen de ella una de las favoritas para el año nuevo lunar. Sin embargo, como todos los símbolos feng shui que poseen tanta potencia, es vital no exagerar. Por ejemplo, no se deben combinar estos dos tonos en el interior del dormitorio.

328 El potencial de prosperidad del púrpura

La expresión popular china de que «las cosas van tan bien que incluso el rojo se vuelve púrpura» lleva implícita la idea de que el púrpura es un color muy poderoso. Aunque no disfruta de la misma connotación real que en Occidente, en Asia este color se considera muy próspero. Para activar el púrpura, utilízalo sólo como ornamento de pared, idealmente en la del norte de la casa; allí es donde sus efectos se dejarán sentir con más intensidad dado que, en este punto cardinal, el púrpura significa agua, que a su vez significa prosperidad. Si pintas de púrpura la pared del norte, estarás activando su faceta yin. Si lo haces en la pared sur, estarás activando su faceta yang; y ambas dimensiones cuentan con buenos auspicios. Como tú prefieras.

29 Plata y púrpura: dinero

La combinación de púrpura y plateado es la que he aplicado a muchos acuerdos de negocios con éxito. Esto se debe a que las palabras plata y púrpura suenan como «ngan chi» en dialecto cantonés, lo que también significa «dinero». La combinación de púrpura y plata, por tanto, posee connotaciones positivas muy poderosas para la suerte financiera. En términos de elementos, esta combinación también sugiere el elemento de agua que domina, ya que el metal produce agua.

330 Verde y azul: crecimiento

La combinación de azul y verde es al mismo tiempo armoniosa y equilibrada, y su significado atrae energía de crecimiento. Las pinturas de montañas coloreadas en verde y azul son especialmente favorables si se cuelgan en el este o el sudeste de la casa. Aseguran que el patrimonio familiar se amplíe y que los hijos de la familia alcancen posiciones prominentes.

331 Amarillo y blanco: poder

Esta combinación contiene los atributos de poder que confiere la fuerza del elemento metal. Aquí, el elemento tierra del amarillo produce el blanco del metal. Al mismo tiempo, el amarillo se considera un color imperial que, en combinación con el blanco, sugiere la presencia de oro. A veces, esta combinación puede resultar demasiado yang, demasiado favorable para algunas personas. Si te sientes incómodo con ella, y especialmente si es la combinación en que está pintada tu casa, rebaja mucho el tono del amarillo. La energía de este color siempre trae éxito, pero tal vez no puedas soportar el pesado chi del amarillo; y un indicio de que esto puede estar sucediendo es que caigas enfermo. Quienes tengan el chi interior preciso para beneficiarse de la combinación de amarillo y blanco pueden reforzarla aún más colocando algún objeto de oro en el salón.

332 Verde y rojo: fama y reconocimiento

Para los occidentales, esta combinación de colores está asociada a la navidad, pero para un experto chino en feng shui es la mejor para generar la suerte relacionada con la fama, la popularidad y el reconocimiento. Se trata de una combinación que contiene la semilla del éxito. El verde refuerza al rojo en el ciclo de producción de los cinco elementos. La madera alimenta al fuego y le da potencia. Para traer buena suerte a la familia y, especialmente, éxito para tus hijos o nietos, utiliza esta combinación en sus habitaciones cuando superen los doce años.

333 Rojo y amarillo en las esquinas de tierra

Estos dos colores pueden generar una suerte increíble. Si se utilizan en los sectores de la casa asociados al elemento tierra (el sudoeste, el nordeste y el centro), las personas con afinidad por estos colores empezarán a tener muy buena suerte de inmediato: les saldrán proyectos nuevos, recibirán dinero inesperadamente, o cederá a sus encantos alguien a quien tengan echado el ojo. Sin embargo, para algunos esta combinación puede ser demasiado fuerte. Es aconsejable tener cuidado; si te benefician estos colores, utilízalos porque te darán suerte. Si te incomodan (por ejemplo, si te enfadas o algo te exaspera) es una señal de que esta combinación no es para ti.

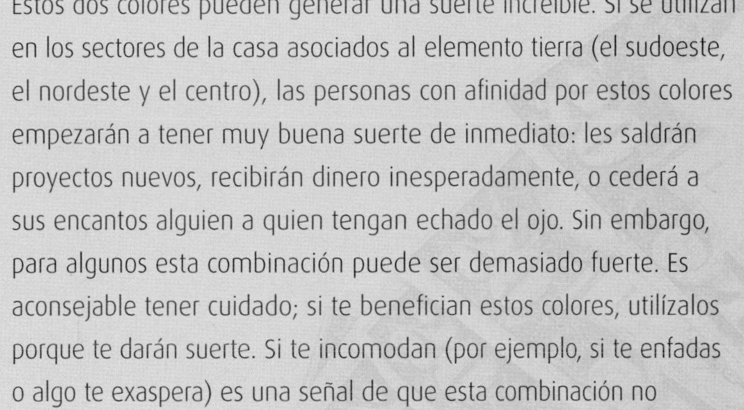

334 Blanco y negro: yin y yang

Esta combinación es fantástica porque simboliza el tai chi del yin y el yang. El negro significa agua, que es fruto del metal blanco, por lo que la combinación es armoniosa y equilibrada, y posee buenos augurios para los sectores que se benefician del elemento agua. El agua normalmente se activa para generar suerte económica, por lo que el símbolo tai chi blanco y negro es un espléndido catalizador.

35 | Negro y verde: abundancia

Esta combinación posee unos efectos similares a los del azul y el verde. El agua produce madera, por lo que se trata de una combinación excelente para los sectores de madera del este y el sudeste. Una casa pintada predominantemente de estos dos colores beneficia a los niños y a las niñas. Como la madera siempre denota chi de crecimiento, sugiere expansión e incremento.

336 Colores yang para pasillos

Los pasillos de la casa son conductos importantes para que el chi pueda moverse de habitación a habitación. Los corredores canalizan el flujo de energía por el espacio vital, por lo que en estos espacios el feng shui es extremadamente importante. A los pasillos les benefician los colores yang vivos como el blanco, ya que facilitan el movimiento del chi. Cuando los corredores son demasiado largos y estrechos, el resultado suele ser un flujo de chi muy veloz que puede perjudicar a los residentes. En este caso, se pueden usar colores distintos para frenar el chi.

337 Activa un buen feng shui estancia a estancia

Una forma muy buena de practicar el feng shui es hacerlo habitación por habitación. Todos sabemos que algunas salas, como el dormitorio y la estancia en la que pasamos más tiempo, son mucho más importantes que otras. Decide cuál lo es más para ti y considérala tu espacio tai chi personal.

A continuación, identifica con una brújula los rincones de la habitación que simbolicen tus aspiraciones primordiales en función del método de las ocho aspiraciones. Por ejemplo, la esquina sudoeste está asociada a las aspiraciones amorosas, y la norte a las profesionales. También se pueden aplicar varios tipos de cartas de feng shui y activar las esquinas sistemáticamente para que toda la estancia se cargue de energía que te ayude a cumplir tus objetivos y sueños. Luego, vuelve a hacer lo mismo en las demás habitaciones de la casa.

338 Pon tu feng shui al día cada año

También es crucial recordar que el feng shui posee una dimensión temporal, por lo que hay que poner al día los remedios y demás prácticas con regularidad. Hay cosas que cambian cada año y otras que lo hacen cada mes, por lo que hay que vigilar los cambios de la energía chi en el espacio personal. La mejor forma de estar al día es utilizar la carta anual de feng shui que ofrece el calendario anual Almanaque WOFS, y añadir las actualizaciones mensuales que se analizan en las revistas bimestrales *Feng Shui World*. También puedes obtener actualizaciones en la página web www.wofs.com.

Cuando sepas dónde se encuentran las distintas aflicciones y cuáles son los remedios necesarios, resultará muy fácil proteger tu casa o tu oficina.

39 La carta feng shui

Busca las cartas anuales feng shui y sus explicaciones en la época de año nuevo.

En este ejemplo para el año del Gallo Madera, el número Lo Shu dominante es el 4, por lo que se trata de un año en el que el amor y las relaciones ocupan un papel protagonista. También será un año en el que las mujeres mayores tenderán a ejercer mayor influencia en cómo se hagan las cosas. El año del Gallo Madera es el año del ave. Adornar con pájaros el sur o las entradas de la casa será muy favorable. El ave trae oportunidades y disipa muy bien las vibraciones de problemas y chismorreos.

	SE	SUR	SO	
	3 HOSTIL	8 BUENO	1 BUENO	
E	3 MUERTES 2 ENFERMEDAD	4 AMOR	GD JÚPITER 6 BUENO	O
	7 VIOLENCIA	9	5 INFORTUNIO	
	NE	NORTE	NO	

En este ejemplo, el este y el sudeste están muy afligidos por las estrellas de enfermedad y hostilidad, respectivamente. En cuanto al Cinco Amarillo, se ha trasladado al noroeste.

340 La pagoda de los cinco elementos aleja las desgracias

Además del chi de período de 20 años, también existen en el chi cambios anuales y mensuales que afectan a nuestro bienestar, nuestra suerte e incluso a nuestro estado de ánimo. El principio del feng shui es que la energía experimenta un movimiento y unas variaciones constantes; por eso gran parte de la práctica del feng shui se centra en descubrir cómo nos afectan estas fluctuaciones del chi y en cómo localizar las aflicciones en la casa. Una de las mayores fuentes de desgracias es la influencia del Cinco Amarillo, que es el nombre que se le da al número 5 en la carta Estrella Voladora. Cuando el Cinco Amarillo vuela hacia el dormitorio, trae desgracias, enfado, accidentes y un enorme estrés. Debe mantenerse bajo control por medio de una pagoda de los cinco elementos hecha de bronce o de oro chapado sobre acero. La energía de metal es una parte vital de este remedio; a veces una pagoda pequeña no basta para superar esta estrella de la calamidad, sobre todo cuando la casa es grande y tiene un centro abierto y espacioso.

41 Remedios contra la estrella de la enfermedad

Utiliza siempre un carillón totalmente metálico de seis varillas contra la estrella número 2, que trae enfermedades. Si duermes en una habitación ubicada en la esquina de la casa ocupada por esta estrella, no podrás evitar caer enfermo a menos que cuelgues en ella el carillón. Además, trata de dormir también con la cabeza apuntando hacia tu dirección tien yi personal, que se calcula a partir del número KUA. Si la habitación se encuentra en el sector de la estrella de la enfermedad, estos dos remedios te ayudarán a superarla. En esta misma página puedes ver la tabla de direcciones tien yi para cada número KUA.

KUA	TIEN YI
1	Este
2	Oeste
3	Norte
4	Sur
5	*
6	Nordeste
7	Sudoeste
8	Noroeste
9	Sudeste

* O para los hombres y NO para las mujeres.

342 Pon orden al menos una vez a la semana

Un día a la semana dedica un rato a ordenar y limpiar. Es increíble lo rápido que se acumulan los trastos si no se ordena y se tiran cosas con regularidad. Esto incluye objetos de todo tipo: los que no has tenido tiempo de ordenar, los que guardas por motivos sentimentales y los que tienes por pura cuestión de desorden. No tengas compasión cuando pongas orden. No dejes que la sesión de limpieza se convierta en una visita al baúl de los recuerdos. Si te dejas vencer por el sentimentalismo cada vez que lo intentes, nunca llegarás a poner orden. Comienza por lo más sencillo, tal vez sólo una mesa, y pasa luego a ordenar los cajones y los armarios. Al final te acabará pareciendo terapéutico.

343 Transformación del chi al período 8

En el feng shui, el tiempo se divide en nueve períodos de veinte años, cada uno de los cuales se encuentra bajo el influjo de un elemento y un número. En la actualidad estamos en el período gobernado por la tierra y el número 8, que normalmente se abrevia como período 8. Comenzó el 4 de febrero de 2004 y terminará el 4 de febrero de 2024. Todos los hogares y los edificios se beneficiarán si revitalizan su chi transformándolo en energía del período 8. Así, el chi de todos los hogares y edificios continuará sano y vigoroso. Transformar el chi al período 8 comporta conocer el feng shui de Estrella Voladora, en el que se introduce el concepto de las influencias del tiempo en el feng shui.

344 | El buda rojo risueño disipa la ira

La estrella hostil y problemática del número 3 casi siempre produce ira en el hogar y la oficina. Se trata de una estrella de elemento madera con efectos muy graves, ya que provoca discusiones que terminan en violencia o en los juzgados. Muchos conflictos legales comienzan cuando la estrella número 3 vuela hacia el dormitorio, el centro de la casa o el trono del hogar. Cuando el 3 vuela hacia la dirección contraria a aquella en la que esté orientada la casa, se dice que ocupa el trono de la casa. Sus residentes se volverán huraños y se enfadarán con facilidad. Para disipar esta ira, lo mejor es utilizar un buda risueño vestido de rojo y asiendo un lingote. Si este remedio no es apropiado para ti, intenta emplear fundas de cojín, pinturas o alfombras de color rojo junto a una espada hecha de monedas atadas con cordel del mismo color. En general, un buda risueño vestido de rojo sobre la mesa de trabajo sirve de gran ayuda contra las iras que apunten hacia ti.

345 Purifica el chi que han dejado los anteriores inquilinos

Este tipo de chi debe «purificarse» totalmente antes de entrar en la casa. Antes de alquilar una vivienda, es buena idea averiguar sobre sus anteriores ocupantes. El chi negativo permanece en las casas anteriormente habitadas por personas enfermas, especialmente si la dolencia era terminal o de tipo mental. Las paredes, el suelo y el techo retienen las malas actitudes, la ira, el dolor, la tensión y la infelicidad que ha quedado atrás, y hay que purificarla para que pueda fluir energía nueva hacia adelante.

La mejor forma de eliminar esta energía negativa consiste en aprovechar el poder de los sonidos metálicos. Las campanas, címbalos y, sobre todo, los cuencos musicales son ideales para «desmenuzar» la energía negativa. Compra un cuenco musical hecho de siete tipos de metal distintos y aprende a hacerlo sonar. Si caminas de una habitación a otra tres veces en la dirección de las agujas del reloj mientras suena el cuenco, se elevará el chi del hogar y, de paso, la energía negativa se transformará en nueva energía positiva.

346 Chi de metal contra la enfermedad

Cuando alguien en la casa caiga enfermo, casi siempre se debe a las intangibles aflicciones que provocan las estrellas de la enfermedad en las zonas de la casa que forman el palacio frontal (es decir, el recibidor de la casa) o el dormitorio. Las estrellas de enfermedad forman parte del método Estrella Voladora del feng shui y su impacto sobre la suerte sanitaria de los residentes puede ser muy grave.

Supera estas estrellas de enfermedad con energía de metal fuerte: cuelga carillones de seis varillas en el dormitorio de la persona enferma. Si no estás seguro de dónde está la estrella de la enfermedad, un carillón metálico colgado protegerá contra este mal chi.

347 Vivir cerca de hospitales y cementerios

El peligro de vivir demasiado cerca de hospitales, comisarías o cementerios es la proximidad de los espíritus yin, que se forman y se acumulan constantemente en estos lugares. Si te encuentras demasiado cerca, sentirás que tu energía mengua y eres más vulnerable a las enfermedades y las desgracias. Quema incienso para utilizar energía de fuego y enciende luces potentes para combatir el exceso de chi yin. Mantén siempre bien iluminada la casa y, si es necesario, pinta de rojo vivo la pared que dé al hospital o al cementerio.

348 Purificadores potentes de alta montaña

Compra el valioso incienso que se fabrica a partir de plantas que crecen en alta montaña. El mío procede de Solu Khumbu, una región del Himalaya situada en el área de Katmandú. Al encontrarse a más de 3.000 metros de altitud sobre el nivel del mar, hace frío, pero aun así crecen algunas hierbas y arbustos cuya energía es fuerte y pura y, cuando se queman en forma de incienso, limpian muy bien el espacio. También emiten un aroma muy áspero y característico que resulta de lo más purificador.

349 La cura del incienso sagrado

Durante los últimos años, la aromaterapia se ha vuelto muy popular porque el mundo occidental al fin ha despertado al poder de las sensaciones olfativas. En Oriente siempre hemos aprovechado el poder del incienso para echar de las casas a los espíritus malignos y al mal chi. De hecho, existen muchas curas de incienso que pueden emplearse como rituales de purificación. Una de las más sencillas consiste en buscar tu incienso favorito (los míos son el de sándalo y el de hierbas de alta montaña) y colocarlo en un plato sobre un pedazo de carbón encendido al rojo. Camina por las habitaciones tres veces en el sentido de las agujas del reloj y, mientras ves el humo que asciende en espiral, imagina que absorbe todo el chi negativo y deja la habitación limpia y llena de energía nueva.

350 Terapia de sonidos para tu espacio

La terapia de sonidos se aplica a través del sonido de carillones, campanillas, instrumentos de bambú y otros sonidos naturales, especialmente el del agua, que al ser uno de los que más yang crean atrae un chi fresco y vivo hacia las casas. La terapia de sonidos aporta un valioso chi yang al espacio y, si quieres, puedes dejar música sonando durante todo el día para crear un chi alegre. Esfuérzate para que en la casa nunca reine el silencio durante demasiado tiempo. Cuando te marches de vacaciones, deja la radio encendida porque es la mejor forma de mantener en movimiento el chi y de mantener la presencia de la energía yang.

51

Esferas de cristal para relajar tensiones

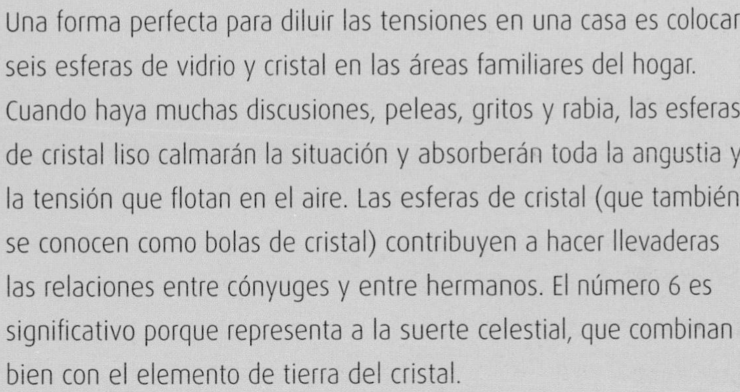

Una forma perfecta para diluir las tensiones en una casa es colocar seis esferas de vidrio y cristal en las áreas familiares del hogar. Cuando haya muchas discusiones, peleas, gritos y rabia, las esferas de cristal liso calmarán la situación y absorberán toda la angustia y la tensión que flotan en el aire. Las esferas de cristal (que también se conocen como bolas de cristal) contribuyen a hacer llevaderas las relaciones entre cónyuges y entre hermanos. El número 6 es significativo porque representa a la suerte celestial, que combinan bien con el elemento de tierra del cristal.

352 Cuando parece que todas las relaciones van mal

Cuando las cosas comiencen a torcerse en tus interacciones con la gente (personas amadas, compañeros de trabajo, socios, etc.) puedes sospechar que estarás manifestando una vulnerabilidad con respecto al mal chi intangible que aportan las cambiantes Estrellas Voladoras. Si no sabes nada sobre esta poderosa variante del feng shui, sencillamente intenta colgar un carillón de pagoda cerca de la entrada de la casa y otro en el dormitorio junto a la pared. Cuando las Estrellas Voladoras provocan problemas en las relaciones interpersonales, puede mejorarse la situación colgando carillones. Si no logran resolver la situación, tal vez es que tienes demasiadas plantas en las esquinas sudoeste de la casa, del salón o del comedor. Si es así, aligera la energía de elemento madera porque un exceso de ella podría hacer estragos en tu vida social.

53 Cura de agua yin contra la ira

La cura de agua yin es un excelente antídoto contra los enojos continuos que dan lugar a la violencia. El agua tiene mucho poder para refrescar el ambiente, especialmente cuando se trata de agua yin o estancada. Cuando se producen discusiones entre los cónyuges o los novios, el agua yin puede reforzarse con energía lunar. Coloca una urna con agua en el jardín o el balcón durante una noche de luna llena y deja que el líquido elemento absorba la energía del satélite. Luego éntrala a la casa y viértela en jarrones y recipientes bonitos, que retendrán la paz. Recuerda que, fonéticamente, en chino «jarrones» suena como «paz», por lo que el feng shui considera a éste como uno de los ocho objetos favorables.

354 Las bolas de cristal de colores te calmarán

Las bolas de cristal de distintos colores son un adorno que previene los chismorreos y las calumnias perjudiciales. Coloca una combinación de seis bolas de cristal liso blanco o rosado para calmar los nervios. Las bolas de cristal verdes silencian todos los chismorreos acerca de una empresa y sus planes de expansión, mientras que las azules curan y las violetas despiertan una calma interior. Cuando se emplea como adorno a estos maravillosos tesoros de la tierra, se descubre que a uno le perturban menos cosas que antes. Recuerda que el efecto de las bolas de cristal suele ser muy calmante.

55 Superar conflictos legales

Los problemas legales suelen ser consecuencia de Estrellas Voladoras que afligen el hogar. Si aún no estás familiarizado con esta variante del feng shui, puedes tratar de reducir el efecto de la estrella de la hostilidad eliminando sistemáticamente todos los elementos móviles de la casa, como relojes, ventiladores e incluso carillones. Si te encuentras en pleno proceso judicial, también te ayudará mucho vestir de rojo y dorado. Lleva los amuletos astrológicos de tus aliados y amigos secretos según la astrología de los doce animales.

356 Las espadas de monedas aplacan la envidia

Es muy posible que seas víctima de la envidia o el rechazo de algún rival. Es pura cuestión de celos, pero puede ser peligroso y es buena idea protegerse. En el feng shui, el concepto de la protección es muy popular, y mucha gente lleva más de un talismán. Como medida interina, usa siempre una espada hecha de monedas atadas con cordel rojo. Colócala en el centro de tu casa, un lugar que no estorbe al flujo del chi.

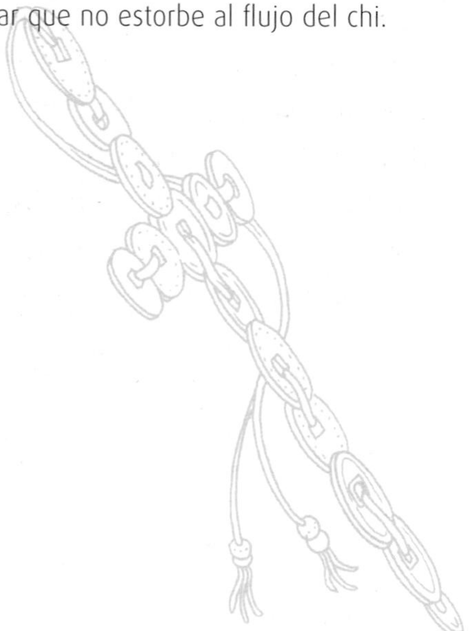

57 Purificar el espacio tras un robo

Si acaban de entrar a robar en tu casa, o si te acaban de quitar el coche, es muy posible que se deba a aflicciones de Estrellas Voladoras. Para eliminar los efectos de una experiencia tan espantosa, limpia con agua salada mezclada con azafrán las entradas, las ventanas y toda las aberturas del hogar hasta que no quede ni rastro de la energía negativa. Para protegerte contra posteriores robos, coloca un par de Chi Lins por encima del portal o de la puerta de la casa. Coloca siempre el Chi Lin mirando hacia fuera y el Chi Lin femenino (el que lleva el bebé) a la derecha del portal mirando hacia fuera. Otro espléndido consejo que me dieron hace tiempo es colocar un palo de escoba cabeza abajo junto a la entrada, que se considera que protege contra los robos. Un último remedio es colocar un rinoceronte en el interior de la casa, cerca de la puerta.

358 Crear en el dormitorio suerte de flor de melocotón

Activa los cuatro potentes proveedores de la suerte de la flor del melocotón colocando un Gallo en el oeste del dormitorio, un Caballo al sur, un Conejo al este y una Rata al norte. Así la suerte de fidelidad será óptima.

359 Purificar el espacio donde duermes

Si una noche tras otra te cuesta conciliar el sueño, emprende una investigación a fondo del dormitorio. Extrae de las paredes los clavos que no sirvan para nada y deshazte de las pinturas de animales salvajes o de imágenes de agua que envíen un agua violenta hacia la pareja mientras duerme. Puedes probar estos tres sencillos rituales:

- Coloca una roca con cristal de cuarzo amatista debajo de la cama, por la parte de los pies. Átala a la pata de la cama con cordel rojo. Así también asegurarás la fidelidad en el matrimonio.
- Para intensificar la purificación, coloca el colchón y los cojines al sol para absorber el chi yang de la intensa luz solar. Deja los cojines al sol durante al menos tres horas.
- Una vez al mes, enciende una varilla de incienso muy perfumado y camina por la habitación en el sentido de las agujas del reloj. Repítelo tres veces y eliminarás todo el chi negativo que quede en tu dormitorio. Puedes usar el incienso que prefieras.

360 Ritual del espejo para que vuelva una persona amada

Éste es el denominado hechizo del espejo. Hace falta una fotografía del amante. Las imágenes que se utilicen en este ritual deben ser de cuerpo entero, y lo ideal es que se hayan tomado al aire libre. Si sólo se ve el rostro, el retrato está recortado y no sirve. Elige también una foto tuya que sea apropiada, preferiblemente una en la que aparezcas sonriendo. Coge dos espejos y pega tu fotografía en el reverso de uno y la de tu amante en el reverso del otro.

Luego junta los espejos de forma que las fotografías estén enfrentadas. Pega ambos espejos con cinta adhesiva y guárdalos bien hasta la próxima luna llena. Entonces sácalos y enfócalos hacia la Luna. Ésta es la parte más importante del ritual porque invoca la ayuda del dios del matrimonio, que vive en la Luna. Guarda los espejos fijados uno contra otro con las fotografías en medio hasta que recuperes a tu amante. En cuanto todo vuelva a la normalidad, quita las fotografías.

61 Un ritual de fuego para diluir bloqueos

Este ritual de fuego puede limpiar de la mente viejos agravios, heridas y enfados. Limítate a poner por escrito todo lo que te ha enojado, disgustado o frustrado. Escribe los nombres de los conocidos que te hayan ofendido o desairado. Luego piensa en las situaciones de confrontación que hayas experimentado con todo el mundo. Invierte un tiempo en recopilar la lista de todas las quejas que tienes contra el mundo. Cuando tengas la seguridad de que no has olvidado nada, junta todos los papeles y quémalos simbólicamente para deshacerte de este lastre emocional. Líbrate de las cuentas pendientes y las decepciones del pasado. Descubrirás que este sencillo ritual de fuego abrillanta tu vida y te prepara para enfrentarte a nuevos desafíos.

362 Ritual de tierra a la hora del Dragón

Existe un impresionante ritual taoísta que permite extraer energía de las profundidades de la Tierra para revitalizar el chi de tu casa cuando creas que su energía ha decaído. Imagina que tu casa posee una raíz en forma de tubo muy grueso que la conecta con el mismísimo centro de la Tierra, desde donde se impregna de la profunda energía de elemento tierra y la canaliza hacia la casa. Haz esta visualización a la hora del Dragón, es decir de 7 a 9 de la mañana. Este ejercicio fortalecerá mucho tu hogar, y sus miembros se sentirán más ligeros y llenos de energía.

63 Tres formas seguras para evitar separarte de tu pareja

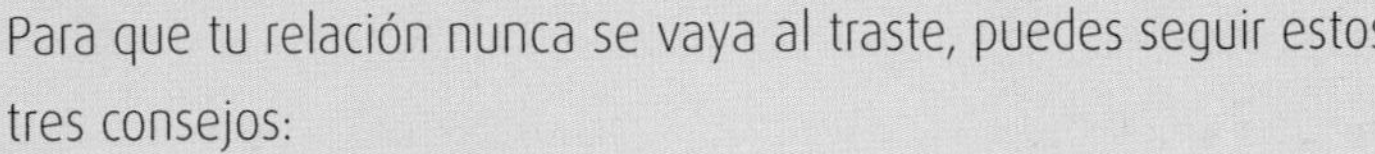

Para que tu relación nunca se vaya al traste, puedes seguir estos tres consejos:

• Nunca tengas una superficie reflectante orientada hacia la cama. Ya hemos visto el daño que pueden causar los espejos. Si hay alguno en el dormitorio, quítalo.

• Nunca tengas acuarios ni agua ornamental en el dormitorio; el agua potable no es perjudicial.

• Nunca tengas dos colchones separados en una cama de matrimonio. El lugar en el que duerme una pareja es donde más unión experimentan.

364 Aprovechar el chi de los lugares sagrados

Si visitas un lugar sagrado o de peregrinaje, puedes «llevarte prestado» el chi cogiendo un poquito de tierra del suelo y esparciéndola por el jardín cuando vuelvas a tu casa, y el chi sagrado arraigará de inmediato. Mi jardín contiene el chi sagrado de muchos lugares de peregrinaje; tal vez por eso mis plantas crecen tan grandes y fuertes, y mis flores florecen tan a menudo.

365 Cómo crear un escudo protector

Puedes usar la mente para crear una cápsula azul de luz a tu alrededor que te proteja. Para efectuar correctamente esta visualización, no necesitas más que adquirir práctica concentrándote en una esfera de luz azul justo por encima de tu cabeza, como si hubiera llegado desde el cielo. Concentra la atención en esta esfera de luz azul, y luego imagina que crece más y más hasta que alberga toda la casa. Esta cápsula de luz protegerá tu hogar durante las horas en que duermas y mientras estés trabajando.

Glosario

Árbol de las gemas Variante del árbol del dinero que simboliza energía de riqueza para los habitantes de la casa. Sus hojas están hechas de piedras semipreciosas y sus tallos de oro.

Arowana (pez dragón) Pez de escamas plateadas y cuerpo en forma de espada que se cree que trae buena suerte. Para un mayor efecto, debe irradiar un saludable resplandor dorado.

Carta natal Esquema que muestra los «nueve palacios» o sectores favorables de la casa. La forma óptima de leer la carta natal consiste en hacerlo en conjunción con los gráficos anuales de la Estrella Voladora.

Ciclos de relación entre los elementos Tres ciclos diferentes (ciclo de producción, ciclo de agotamiento y ciclo de destrucción) que establecen relaciones entre los elementos de madera, fuego, tierra, metal y agua. En el ciclo de producción, la madera produce fuego, que produce tierra, que produce metal, que produce agua, que produce madera, y vuelta a empezar. En el ciclo de agotamiento, el fuego consume madera, que consume agua, que consume metal, que consume tierra, que consume fuego, y vuelta a empezar. Y en el ciclo de destrucción, el fuego destruye al metal, que destruye madera, que destruye tierra, que destruye agua, que destruye fuego, y vuelta a empezar.

Cinco amarillo Problema de dimensión temporal que reviste de mala suerte a diversas direcciones cardinales en distintos años. Para contrarrestarlo, puede optarse por diferentes remedios o, sencillamente, no realizar actividades en el área afectada.

Cinco ciclos elementales Ciclos de producción y destrucción en las relaciones entre los elementos (consultar *Ciclos de relación entre los elementos*), en virtud de los cuales ciertas combinaciones de colores manifiestan buena o mala suerte.

Cinco colores elementales Los colores azul, verde, rojo, amarillo y blanco, que corresponden a los elementos de agua, madera, fuego, tierra y metal, respectivamente.

Cuadrado Ho Tu Patrón de números dispuestos de forma que todos los pares o todos los impares sumen 20 (excepto el 5 que ocupa el centro). Las combinaciones Ho Tu 1/6, 8/3, 7/2 y 4/9 ofrecen muy buenos auspicios, especialmente para las parejas.

Chakras Los siete principales centros de energía del cuerpo humano, que pueden activarse a través de los siete colores del arco iris.

Chi Lin Caballo con cabeza de dragón; un símbolo que puede resultar útil para promover el éxito y la confianza en los negocios.

Dirección Fu wei Dirección hacia la que es óptimo orientarse durante exámenes y entrevistas.

Dirección Nien yen Una de las cuatro direcciones afortunadas asociadas a cada número KUA en la fórmula de las Ocho Mansiones. Es favorable para el amor, la familia y el matrimonio.

Direcciones primarias Los cuatro puntos cardinales de la brújula: norte, sur, este y oeste.

Direcciones secundarias Los cuatro puntos secundarios de la brújula: noroeste, sudoeste, nordeste y sudeste.

Efecto del vestíbulo luminoso El efecto que se genera cuando existe un espacio abierto en la parte frontal de la casa, donde se asienta el chi beneficioso antes de adentrarse en el hogar.

Espejo Pa Kua Herramienta defensiva para desviar las flechas envenenadas y absorber la energía hostil.

Estrella de agua 8 / estrella de agua Símbolo positivo del feng shui de Estrella Voladora. Simboliza la mejor ubicación para el agua.

Estrella de conflicto número 3 La estrella número 3 es una de las problemáticas del sistema Estrella Voladora. Cada año, esta estrella se desplaza a distintos sectores de la casa, hacia los que conduce una energía hostil que provoca discusiones. En 2007, el número 3 se ubica en el sector noroeste.

Estrellas de aflicción Símbolos negativos asociados al feng shui de Estrella Voladora.

Feng shui de Estrella Voladora Método de feng shui que trata la dimensión temporal y comporta el uso de cartas natales.

Feng shui paisajista Escuela clásica original del feng shui, también conocida con el nombre de «feng shui de las formas». Se basa en las formas del terreno.

Flechas envenenadas Estructuras hostiles que emiten energía negativa, tales como calles largas y rectas que apunten hacia la entrada de la casa, azotea con bordes cortantes, rocas en formaciones verticales de aspecto espigado o fachadas angulosas de edificios cercanos. Pueden neutralizarse mediante remedios elementales.

Fórmula de las Ocho Mansiones Fórmula en virtud de la cual cada persona pertenece o bien al grupo del este o bien al del oeste. Los del grupo este deben dormir en el sector este, norte, sur o sudeste; los del grupo oeste en el oeste, sudoeste, noroeste o nordeste.

Fórmulas cardinales de feng shui / feng shui de brújula Una de las dos escuelas principales del feng shui (la otra es el feng shui paisajista). Se basa en fórmulas complejas asociadas a 24 direcciones (las «24 montañas») y el uso de una brújula.

Fuk Luk Sau Los tres dioses-estrella de la salud, la riqueza y la felicidad. Lo ideal es colocarlos en posición elevada en el comedor.

I Ching Texto clásico también conocido como el Libro de las mutaciones. Constituye el origen de muchas prácticas culturales de China. Sus 64 hexagramas (símbolos de seis líneas) ofrecen predicciones y advertencias, además de buenos consejos.

Karma Destino o ley de causa y efecto según la cual el destino de una persona está determinado por los actos que haya realizado a lo largo de su vida.

Kuan Kung Dios de la riqueza (basado en Kuan Ti, el general más famoso de la historia de China) y poderoso guardián. Lo ideal es colocar su imagen en la esquina noroeste del hogar.

Kun Trigrama yin que simboliza fertilidad y cualidades maternales; su imagen es la Gran Tierra.

Libro clásico de la morada del YANG Antiguo texto feng shui escrito durante la Dinastía Tang. Contiene muchas normas feng shui acerca de las formas del terreno y el entorno.

Método de curas elementales Método para curar males de feng shui mediante los elementos.

Método de las Ocho Aspiraciones Método que emplea ocho tipos distintos de suerte asociados a los ocho lados del Pa Kua. El norte simboliza las aspiraciones profesionales; el sur, las aspiraciones de fama; el este, la salud; el oeste, los niños; el nordeste, las aspiraciones literarias y de sabiduría; el noroeste, el patrocinio; el sudeste, la riqueza; y el sudoeste, el amor y la familia.

Monedas chinas de la prosperidad Monedas que mejoran la suerte, especialmente si están atadas con un cordel rojo y guardadas en un bolso o una cartera; idealmente, son monedas chinas con un orificio cuadrado en el centro.

Números KUA Números personales que se calculan en función del sexo y de la fecha de nacimiento. Revelan las direcciones favorables y desfavorables para cada persona (véase cómo calcular el número KUA en el consejo 107).

Ocho Aspiraciones Pa Kua Escuela del feng shui según la cual se asocian ocho aspiraciones a los ocho costados del Pa Kua.

Pa Kua Imagen de ocho costados que incorpora los símbolos, las direcciones y los números necesarios para el análisis feng shui. El padre debe instalarse en el sector noroeste de la casa y la madre en el sudoeste.

Pagoda de cinco elementos Remedio (idealmente, elaborado en cromo o latón) que puede emplearse contra el Cinco amarillo.

Período 8 Período de tierra que representa a la montaña. Comenzó el 4 de febrero de 2004 y terminará el 4 de febrero de 2024. Durante este tiempo, cobrarán preeminencia la meditación y la investigación académica.

Perros Fu Perros guardianes simbólicos que ofrecen protección contra la mala suerte. Lo ideal es colocar una pareja de perros Fu en posición elevada a ambos lados de un portal.

Regla feng shui Regla (con dimensiones en sistemas métrico e imperial) que otorga cuatro series de direcciones con buenos auspicios y cuatro con malos auspicios.

Ru Yi Imagen conocida también como el cetro de la oficina. Se emplea para reforzar la autoridad y el respeto.

Rueda astrológica Rueda con los 12 animales del zodíaco chino marcados. Puede girarse para alinear un animal concreto con el plano de una casa.

Sapo de tres patas Símbolo extremadamente favorable de cara a amasar dinero, que atrae suerte hacia la casa. Normalmente posee tres monedas en la boca y se erige sobre un lecho de monedas.

Shar chi Energía letal que trae infortunio y representa al opuesto del sheng chi. Puede ser fruto de flechas envenenadas u otros factores.

Sheng chi Energía beneficiosa que trae buena suerte y representa al opuesto del shar chi. Puede emanar del entorno o de ciertas fórmulas feng shui.

Símbolo del dragón y el fénix El máximo símbolo del yin y el yang, que combina la fuerza masculina con la belleza femenina y representa a la felicidad y al éxito en el matrimonio.

Tai chi Serie de ejercicios basados en la vigorización del chi en el organismo y en el equilibrio de la meditación yin y yang.

Tien ti ren Una trinidad (suerte celeste, de tierra y humana) que rige la buena y la mala suerte. Se nace con la suerte celeste, pero la de tierra y la humana son susceptibles de manipularse.

Tien yi Dirección que fomenta la buena salud en virtud de la fórmula de las Ocho Mansiones.

Tortuga-dragón Poderoso símbolo con el cuerpo de una tortuga y la cabeza de un dragón, con una tortuguita sobre el lomo. Trae buena suerte a los negocios y a la carrera profesional.

Tres Muertes Elemento de mala suerte del feng shui Estrella Voladora, que cada año ocupa uno de los cuatro puntos cardinales.

Trigramas Los ocho símbolos principales del análisis feng shui, que se distribuyen a los ocho costados del Pa Kua. Comprenden combinaciones de tres líneas continuas y discontinuas. Los cuatro trigramas más importantes son el Chien (padre), Kun (madre), Ken (hijo) y Sun (hija).

Tsai Shen Yeh Dios popular de la riqueza que, normalmente, aparece montando un tigre, vestido con ropas de dragón y con un lingote en la mano.

Zodíaco chino Sistema oriental de astrología compuesto por 12 animales (la Rata, el Buey, el Tigre, el Conejo, el Dragón, la Serpiente, el Caballo, el Mono, la Oveja, el Gallo, el Perro y el Cerdo) que representan a otros tantos años consecutivos dentro de un ciclo de doce años. Cada animal está asociado a una dirección de brújula concreta.

Índice

A

B

C

G

H

I

J

K

L

M

N

O

P

R

S

Direcciones útiles

Para más información acerca del feng shui, visita la página web personal de Lillian Too, o la web «World of Feng Shui», en

- http://www.lillian-too.com
- http://www.wofs.com